市场经济运行中道德调节的
个维度研究
——道德的时代性和道德的超越性

⦿ 张祎娜 著

光明日报出版社

图书在版编目（CIP）数据

市场经济运行中道德调节的两个维度研究：道德的时代性和道德的超越性 / 张祎娜著. -- 北京：光明日报出版社，2024.8. -- ISBN 978-7-5194-8197-1

Ⅰ.F123.9

中国国家版本馆 CIP 数据核字第 2024AG1834 号

市场经济运行中道德调节的两个维度研究：道德的时代性和道德的超越性

SHICHANG JINGJI YUNXING ZHONG DAODE TIAOJIE DE LIANGGE WEIDU YANJIU：DAODE DE SHIDAIXING HE DAODE DE CHAOYUEXING

著　　者：张祎娜	
责任编辑：许　怡	责任校对：蔡晓亮　王　娟
封面设计：小宝工作室	责任印制：曹　净

出版发行：光明日报出版社

地　　址：北京市西城区永安路 106 号，100050

电　　话：010-63169890（咨询），010-63131930（邮购）

传　　真：010-63131930

网　　址：http://book.gmw.cn

E - mail：gmrbcbs@gmw.cn

法律顾问：北京兰台律师事务所龚柳方律师

印　　刷：北京亿友数字印刷有限公司

装　　订：北京亿友数字印刷有限公司

本书如有破损、缺页、装订错误，请与本社联系调换，电话：010－63131930

开　　本：170mm×240mm	
字　　数：160 千字	印　张：11
版　　次：2024 年 8 月第 1 版	印　次：2024 年 8 月第 1 次印刷
书　　号：ISBN 978-7-5194-8197-1	
定　　价：68.00 元	

版权所有　　翻印必究

目 录

引 言 ··· 1
    一、市场经济运行中道德调节研究的意义 ················· 2
    二、市场经济运行中道德调节研究现状 ···················· 4
    三、创新之处 ·· 10
    四、篇章结构 ·· 12

第一章 市场经济运行中道德调节的困境与探索 ·············· 14
  第一节 经济体制转型与道德调节的困境 ···················· 14
    一、导源与现象：市场经济体制的转型 ···················· 14
    二、矛盾与冲突：体制转型下的道德调节的困境 ········ 18
  第二节 道德调节问题的理论探索 ································ 20
    一、对经济进行道德调节的历史探索 ······················· 21
    二、我国市场经济运行中道德调节的现实探索 ··········· 27

第二章 市场经济运行中道德调节两个维度的理论依据 ···· 32
  第一节 经济与道德的立体运动 ··································· 32
    一、历史道德、时代道德与超越道德 ······················· 32
    二、异质性、统一性、互补性的运动 ······················· 37
  第二节 市场经济与历史道德的异质性 ························ 41
    一、古代传统道德与计划经济时代道德的特点 ··········· 41
    二、市场经济与历史道德的互斥 ······························ 43
  第三节 市场经济与时代道德的统一性 ························ 47
    一、市场经济对道德文明的作用 ······························ 47
    二、市场经济的道德精神 ·· 49

第四节　市场经济与超越道德的互补性……………………… 53
　　　　一、市场经济体制的弊端与伦理局限性………………… 53
　　　　二、市场经济需要超越道德……………………………… 57

第三章　市场经济运行中道德调节的维度之一：道德的时代性…… 62
　　第一节　等价交换的市场经济道德……………………………… 62
　　　　一、等价交换的含义与功能……………………………… 62
　　　　二、等价交换是最基本的道德原则……………………… 65
　　　　三、等价交换的伦理地位………………………………… 67
　　第二节　平等互利的市场经济道德……………………………… 69
　　　　一、平等互利的前提：个体主体的生成………………… 69
　　　　二、平等互利：人人为我，我为人人…………………… 72
　　　　三、平等互利以诚信为基………………………………… 76
　　第三节　共赢的竞争……………………………………………… 80
　　　　一、竞争是市场经济对传统经济的超越………………… 80
　　　　二、竞争的道德价值……………………………………… 84
　　　　三、竞争与双赢…………………………………………… 87
　　第四节　市场经济道德的制度保障……………………………… 89
　　　　一、社会主义市场经济体制完善是道德的经济保障…… 89
　　　　二、社会主义民主政治建设是道德的政治保障………… 95
　　　　三、社会主义法治体系建设是道德的法律保障………… 99

第四章　市场经济运行中道德调节的维度之二：道德的超越性…… 103
　　第一节　道德的超越性…………………………………………… 103
　　　　一、道德的超越性之体现………………………………… 103
　　　　二、超越道德以信仰为担保——道德的信仰化………… 109
　　　　三、超越道德对市场经济的调节………………………… 112
　　第二节　共产主义道德与市场经济运行的相关性分析………… 116
　　　　一、共产主义道德的超越性……………………………… 116
　　　　二、共产主义道德依然可以调节市场经济……………… 120
　　第三节　中华优秀传统文化对市场经济的调节………………… 123
　　　　一、儒家伦理对市场经济的作用………………………… 124
　　　　二、佛家伦理对市场经济的作用………………………… 129
　　　　三、道家伦理对市场经济的作用………………………… 135

第五章　时代道德与超越道德协调并举 …… 141
第一节　时代道德与超越道德的协调并举关系 …… 141
一、时代道德与超越道德的差异 …… 141
二、时代道德与超越道德交叉互渗 …… 146
第二节　时代道德与超越道德协调并举的人学意义 …… 149
一、人的社会属性 …… 149
二、人的精神属性 …… 153
第三节　时代道德与超越道德协调并举的基础——坚持"两个结合" …… 157
一、把马克思主义基本原理同中国具体实际相结合，弘扬时代道德 …… 157
二、把马克思主义基本原理同中华优秀传统文化相结合，传承超越道德 …… 162

参考文献 …… 165

引 言

党的十八大以来,以习近平同志为核心的党中央统筹中华民族伟大复兴战略全局和世界百年未有之大变局,我国经济建设取得了一系列伟大成就,经济发展的平衡性、协调性、可持续性明显增强,我国经济迈上了高质量发展之路。随着国家经济实力的增强,科技实力、综合国力都跃上新台阶,我们比历史上任何时期都更接近中华民族伟大复兴的目标,比历史上任何时期都更有信心、有能力实现这个目标。但在国际国内形势深刻变化、我国经济社会深刻变革的大背景下,由于市场经济规则、政策法规、社会治理还不够健全,受不良思想文化侵蚀和网络有害信息影响,道德领域依然存在不少问题。一些地方、一些领域不同程度存在道德失范现象,拜金主义、享乐主义、极端个人主义仍然比较突出;一些社会成员道德观念模糊甚至缺失,是非、善恶、美丑不分,见利忘义、唯利是图,损人利己、损公肥私;造假欺诈、不讲信用的现象久治不绝,突破公序良俗底线、妨害人民幸福生活、伤害国家尊严和民族感情的事件时有发生。[①] 实现中华民族伟大复兴,不仅需要物质文明极大发展,也需要精神文明极大发展。2013 年 11 月,习近平总书记在

---

① 中共中央,国务院. 新时代公民道德建设实施纲要［N］. 人民日报,2019-10-28.

山东考察时讲道,"国无德不兴,人无德不立。必须加强全社会的思想道德建设,激发人们形成善良的道德意愿、道德情感,培育正确的道德判断和道德责任,提高道德实践能力尤其是自觉践行能力,引导人们向往和追求讲道德、尊道德、守道德的生活,形成向上的力量、向善的力量。只要中华民族一代接着一代追求美好崇高的道德境界,我们的民族就永远充满希望"[①]。如何发挥道德对社会主义市场经济的调节作用显得尤为重要,这在当代中国是一个富有现实意义的时代性课题。

一、市场经济运行中道德调节研究的意义

之所以对这个问题进行研究,主要出于以下几方面的考虑。

第一,社会主义市场经济需要建立与之相匹配的道德观念。根据马克思主义唯物史观社会存在决定社会意识的原理,新的经济体制的建立,必然引起人们道德观念的变化。党的二十大报告提出,"坚持社会主义市场经济改革方向""构建高水平社会主义市场经济体制""充分发挥市场在资源配置中的决定性作用,更好发挥政府作用"等。这就要求加快建设统一开放、竞争有序的市场体系,营造公平竞争的市场环境。完善产权保护、市场准入、公平竞争、社会信用等市场经济基础制度,充分发挥价值规律的作用,促进资源配置实现效率最优化,不断完善社会主义市场经济体制,推动生产关系与生产力发展更加协调适应。这需要逐步确立与市场经济相适应的道德观念,如个人正当利益、个人价值、平等竞争、效率创新、依法管理等观念日益深入人心。

第二,社会主义市场经济需要道德对资本进行调节。如何把经济冲动与道德追求结合起来,让超越道德浸润社会主义市场经济的各领域、

---

① 习近平在山东考察时强调:认真贯彻党的十八届三中全会精神汇聚起全面深化改革的强大正能量[N].人民日报,2013-11-29.

全过程，成为市场经济无形却无所不在、无声却潜移默化的道德调节力量，这关乎社会主义市场经济的可持续发展。随着市场经济的发展，商品交换法则很容易侵蚀到社会政治生活和人们的精神领域，影响社会主义市场经济的健康发展。习近平总书记2021年12月8日在中央经济工作会议讲话中指出，"马克思、恩格斯没有设想社会主义条件下可以搞市场经济，当然也就无法预见社会主义国家如何对待资本。列宁、斯大林虽然领导了苏联社会主义建设，但当时苏联实行的是高度集中的计划经济体制，基本上没有遇到大规模资本问题。搞社会主义市场经济是我们党的一个伟大创造。既然是社会主义市场经济，就必然会产生各种形态的资本。资本主义社会的资本和社会主义社会的资本固然有很多不同，但资本都是要追逐利润的。'合天下之众者财，理天下之财者法。'我们要探索如何在社会主义市场经济条件下发挥资本的积极作用，同时有效控制资本的消极作用。近年来，由于认识不足、监管缺位，我国一些领域出现资本无序扩张，肆意操纵，牟取暴利。这就要求规范资本行为，趋利避害，既不让'资本大鳄'恣意妄为，又要发挥资本作为生产要素的功能。这是一个不容回避的重大政治和经济问题"①。实现中华民族伟大复兴的中国梦，物质财富要极大丰富，精神财富也要极大丰富。如何以社会主义核心价值观为引领，传承共产主义道德以及儒释道为主干的中华优秀传统文化中的道德资源去浸润市场经济，为全国各族人民不断前进提供坚强的思想保证、强大的精神力量、丰润的道德滋养，这是亟须解决的。

从这两个层面对我国社会主义市场经济运行中的道德调节问题进行系统研究，反思我国市场经济运行中道德调节的困境，揭示道德困境存在的原因，展现经济和道德关系的复杂性和立体性，这具有重大的学理意义和实践价值。新时代加快完善社会主义市场经济体制，不断加强社

---

① 习近平．正确认识和把握我国发展重大理论和实践问题［J］．求是，2022（10）：1．

会主义思想道德建设，内化社会成员的道德规范和信念，进一步统一思想、凝聚力量，推动全社会形成良好思想道德和文明和谐风尚，提高全民族的思想道德素质，是全面建成小康社会、全面建成社会主义现代化强国的战略任务，是适应社会主要矛盾变化、满足人民对美好生活向往的迫切需要，是促进社会全面进步、人的全面发展的必然要求。

二、市场经济运行中道德调节研究现状

我国推行社会主义市场经济体制以后，关于加强对社会主义市场经济条件下若干重要道德理论的研究成了时代的课题。市场经济运行中的道德问题成为越来越困扰人们的现实问题，引发了伦理学界乃至经济学界的深入研究和热烈讨论。几十年来，专家学者们就此相关问题的研究成果有以下几方面。

1. 如何评价市场经济对我国道德的影响

学者们所持的观点可以归纳为"滑坡论""爬坡论""分疏论"和"道德失范论"等。持"滑坡"论者认为，道德具有超功利性，是以利他性为本质特征的，而市场经济的固有本性是追求经济利益的最大化，所以发展市场经济必然带来道德的滑坡。持"爬坡"论者的观点正相反，他们认为，与以往计划经济和自然经济状态相比，市场经济使人们的自主意识得以提升，激发了人们的主体精神，因而市场经济的发展带来了道德精神面貌的改善。持"分疏"论者认为，市场与道德不是同一个领域，市场经济的运行机制不会干扰道德的发展，两者互不影响。持"道德失范"论者认为，市场经济缺乏一个统一明确的道德规范体系，旧有的道德观念和行为规范被否定，逐渐失去对社会成员的有效约束力，而新的道德观念和行为规范又没有建立起来，使得社会成员的行为丧失是非善恶评价标准，处在一种规范"真空"或规范冲突的社会状态

中，由此而造成道德混乱和无序现象。

关于此方面的研究主要刊登于期刊，或零星地出现在著作里面。代表性的文章有：郑琴琴、陆亚东的《随波逐流还是"战略选择"：企业社会责任的响应机制研究》载于《南开管理评论》2018年第4期；姜雨峰的《利益相关者需求有助于企业开展社会责任战略吗？——一项三维交互研究》载于《财经论丛》2015年第4期；田虹的《社会责任履行对企业声誉影响的实证研究——利益相关者压力和道德滑坡的调节效应》载于《吉林大学社会科学学报》2015年第2期；邹平林的《道德滑坡还是范式转换？——论社会转型时期的道德困境及其出路》载于《道德与文明》2011年第2期；李德顺的《滑坡与爬坡——道德转型期的观念与现实》载于《中国社会科学》1994年第3期；谈天的《社会道德的滑坡与爬坡——访中国伦理学会会长罗国杰教授》载于《华人时刊》1995年第2期；刘光明的《理想的塑造是当前道德建设的关键——兼评"道德爬坡"论》载于《道德与文明》1995年第3期等。

2. 如何理解和把握市场经济和道德的关系

学术界关于伦理道德问题的很多争论和困惑都无法避开这个焦点和难点问题。学者们围绕着这一焦点问题进行了深入的研究，主要有三种思维路径。

第一，经济和道德非此即彼。主要代表有"二律背反说""代价说""恶动力说""冲突说"等。"二律背反说"认为市场经济就是追求利益最大化的经济，它不可能受道德乃至其他任何非强制力量的约束，从而它不可能与道德共同发展，更不可能为了道德的发展而讲"义"而忘"利"。"代价说"主要讨论社会进步的代价问题，社会的进步必然以一定的牺牲为代价，市场经济发展必然以牺牲道德为代价。"恶动力说"认为恶是历史发展的杠杆，主张用恶作为刺激社会主义商品经济和生产力发展的动力，认为改革开放以来正是物欲与金钱欲成了个人积极性的动力，发展市场经济必须借助恶的杠杆作用。"冲突说"认为市场经济的特征在于动机的功利性、行为的他律性、后果的利己性，而道德动机必须是超功利的，道德行为是自律的，其后果是利他的。因此，市场经济与道德必然表现为互斥甚至冲突。

第二，经济和道德不相关。主要代表是"划界说"，经济和道德是风马牛不相及的两个范畴，它们之间没有内在的关联性。何中华教授在文章《试谈市场经济与道德的关系问题》中主张对二者"严格划界"。他认为道德的本质是超功利的自律，而经济则以功利为取向出发，二者是相互排斥的。要采取"分而治之"的划界方案来解决二者的矛盾，在经济领域遵循金钱尺度，道德不应涉足；而在道德领域遵循道德尺度，经济不应涉足。避免功利与道德的相互混淆，防止金钱尺度与道德尺度的相互僭越。

第三，经济和道德正相关。20世纪90年代中期，我国经济伦理学的建立使经济领域重新回到社会领域。道德价值、伦理关系、道德责任是现实生活中从事经济活动的人和组织所无法回避的。经济和道德的相关性，这一看来极为浅显的认识成为经济伦理学的基本出发点。

首先，凸显经济活动中伦理道德的重要性，认为经济和道德相互支撑、紧密关联。经济学家厉以宁在其著作《超越市场与超越政府——论道德力量在经济中的作用》中充分地论证了道德力量在经济中的作用，他谈到习惯与道德调节是市场调节、政府调节以外的第三种调节，习惯与道德调节的作用是市场调节和政府调节替代不了的，也是法律所替代不了的。

其次，注重市场经济本身的合道德性以及道德基础的探讨，认为市场经济就是道德经济。万俊人在《道德之维——现代经济伦理导论》中强调了市场经济的道德之维，对市场经济本身的道德性给予了充分的重视,避免伦理学对市场经济批判偏重经济与道德的异质性,而架空了道德本身,成为某种道德的乌托邦。经济学家汪丁丁在其著作《市场经济与道德基础》中谈到一个健康的市场,必须有能够支撑它的道德基础。市场经济是分工合作的秩序不断扩展的过程,这一"市场经济"的道德基础应当是以中国传统道德原则——"己所不欲,勿施于人"为基点,保护每个人的"产权"为核心的一套行为准则或是非标准。而对于产权的共识,最基本的就是对生命的尊重,以及由此生发出来的对财产和基本自由的尊重。王国乡在《自主权利的道德界限——从经济学视角求解伦理学难题》一书中用经济学的等边际理论证明市场经济道德的本质不是无私利人,而是"自利不损人"。他主张放弃无私利人的计划经济道德观,树立自利不损人的市场经济道德观,是深化经济体制改革的先决条件。个人自主权利的道德界限是无损他人的自主权利。

最后,注重在经济行为内部进行经济和道德内在关系的微观研究。如王小锡在《道德资本与经济伦理》中提出了"道德生产力""道德资本"的概念,道德作为一种生产力中的要素构成,协调着生产力内部要素的关系,决定着劳动者的价值取向和劳动态度,并作为人的核心要素成为生产力发展的动力源,道德进而构成了一种资本,即道德资本。道德生产力和道德资本概念的提出凸显了经济运作中道德因素的地位和作用,对于破解经济与道德二元对立的时代难题,具有方法论的启迪意义。

与此相关的著作主要有韦森著《经济学与伦理学:探寻市场经济的伦理维度与道德》、廖小平等著《思想道德论——经济与道德关系的现实构建》、贾高建著《市场经济与道德流变——当前若干重大问题研究》等。

3.关于经济伦理体系建设的研究

党的十八大以来,以习近平同志为核心的党中央高度重视公民道德建设,立根塑魂、正本清源,做出一系列重要部署,推动思想道德建设取得显著成效。中共中央、国务院印发《新时代公民道德建设实施纲要》，要以习近平新时代中国特色社会主义思想为指导，紧紧围绕进行伟大斗争、建设伟大工程、推进伟大事业、实现伟大梦想，着眼构筑中国精神、中国价值、中国力量，促进全体人民在理想信念、价值理念、道德观念上紧密团结在一起，在全民族牢固树立中国特色社会主义共同理想，在全社会大力弘扬社会主义核心价值观，积极倡导富强民主文明和谐、自由平等公正法治、爱国敬业诚信友善，全面推进社会公德、职业道德、家庭美德、个人品德建设，持续强化教育引导、实践养成、制度保障，不断提升公民道德素质，促进人的全面发展，培养和造就担当民族复兴大任的时代新人。

在加快完善社会主义市场经济体制的同时，必须大力加强思想道德建设，专家学者的研究形成了经济伦理体系方面的成果，大致分为两个角度。其一，经济伦理体系围绕三个层次展开：制度伦理、组织伦理和个人伦理。其二，经济伦理体系主要围绕市场经济运行中的四个环节展开：生产伦理、交换伦理、分配伦理、消费伦理等。与此相关的著作主要有：郭广银等著《伦理新论：中国市场经济体制下的道德建设》；罗国杰主编《建设与社会主义市场经济相适应的思想道德体系》；王锐生、程广云著《经济伦理研究》；陆晓禾著《经济伦理学研究》；叶蓬、李权时主编《经济伦理学研究——制度创新与经济发展的人文关怀》；吴忠著《市场经济与现代伦理》；唐永泽、朱冬英著《中国市场体制伦理》；李建华等著《走向经济伦理》；章海山著《经济伦理及其范畴研究》《经济伦理论——马克思主义经济伦理思想研究》；唐凯麟、罗能生著《契合与升华——传统儒商精神与市场经济》；袁贵仁、吴向东著《道德建设：对市场经济的适应与超越》。

鉴于对上述研究现状的分析，可以看出我国学者对市场经济体制下道德问题的研究已经取得了一些理论成果，这些研究成果各有所长，研究的侧重点和视角彼此不同，笔者受益颇多，为本书提供了研究的参照系和可借鉴的资料，当然他们的研究也有局限与不足。

例如，首先，在评价市场经济对我国当前道德的影响方面，有的认为道德是滑坡的；有的认为道德是爬坡的，总体进步向善；其实都只是论述了问题的一方面，没有全面分析、客观评价，更多的是笼而统之。其次，在经济与道德关系方面，有的学者注重经济和道德的对立性，认为道德和经济非此即彼，道德行为是完全敌视功利财富的，道德和财富不能兼得，这更多的是从历史道德的角度来看的，没有看到道德的演进性；有的学者仅注重经济和道德的统一性，强调道德对社会经济关系的依赖性，应该建立与市场经济相适应的道德基础，但又忽略了道德自身的相对独立性，忽略了道德对经济现实的能动的超越性和批判性，其实就是忽略了超越的道德对市场经济互补的那一面。最后，在市场经济伦理体系建设方面，有的学者注重市场经济内生的经济伦理，如生产伦理、交换伦理、分配伦理、消费伦理或者制度伦理、组织伦理和个人伦理，强调了市场经济本身应蕴含的道德，但忽略了道德的超越性的一面，忽略了人超越自我、提升思想境界的一面；有的学者仅仅注重了道德的超越性，注重超越的道德规范对人们在市场经济活动中的行为的引领，却没有强调道德的时代性，忽略了道德的超越性是以市场经济内涵的道德观念为根基的，把道德变成一种纯外在化、政治化和非人性化的东西，理想性有余、现实性不足，容易陷入道德的乌托邦，也会使人产生道德不安或心理逆反；有的学者既注意到了市场经济本身所生发的道德，也注意到了道德的超越性，但是对二者之间的关联没有进行系统的论证，没有具体阐释时代道德和超越道德之间的关联，缺乏理论的整体感和系统感。

三、创新之处

相对于前人的研究而言，本书的创新之处在于：

第一，在评价市场经济对我国当前道德的影响方面，本书把道德分为历史道德、时代道德和超越道德三个层次。针对市场经济而言，封建社会的道德和计划经济时代的道德都属于历史道德的范畴；而市场经济本身所蕴含的内生的道德属于时代道德，这是社会的必然性规定，是由社会经济关系表现的利益决定的；另外，由于人的本质自身的规定，人要实现人之为人的价值和愿望的表达，从而使道德又具有了主观的超功利性，表现为超越道德。把道德分为这三个层次能体现出道德的不断演进和升华，体现道德的历史与逻辑的统一。当然，历史道德、时代道德、超越道德并不是截然分开的，讲时代道德、超越道德并不是对历史道德的完全背弃，而是对历史道德的发展与传承。道德并不是时代积累的东西，不能用进步的尺度来衡量，时间的先后并非对道德行为持肯定和否定评价最真实的标准。所以超越道德中包含历史道德传承下来的精华，超越道德是在现实的道德基础上走向更高的精神境界层次，但不是简单地将传统道德合理化、绝对化。以道德的演进性为切入点，从三个层次来分析我国当前的道德现状，做出客观全面的分析，这样不会陷入道德的悲观主义，也不会盲目乐观，更易分析出解决问题的路径。

第二，在经济和道德的关系方面，根据道德的三个层次分析出市场经济与历史道德的异质性、市场经济与现实道德的统一性、市场经济与超越道德的互补性三位一体来体现经济和道德立体的演进关系。市场经济体制与历史道德的异质，才有可能促发新道德的生长点，出现市场经济与现实道德的统一，然而还需要超越道德对市场经济进行引领。对市场经济和道德关系的三维立体分析，有助于真正厘清市场经济和道德的关系。

第三，在道德建设方面，本书阐述了对市场经济运行的道德调节的两个维度，即道德的时代性与道德的超越性，并阐释了道德的时代性和道德的超越性协调并举的关系。因为道德既具有客观的功利性，又具有主观的超功利性；既具有时代的特殊性，又具有普遍性，比如，能体现人生的终极意义和最高价值的道德观念就是各个时代都应该追求的。所以市场经济运行中的道德调节，一方面要注重市场经济内生的经济伦理，强调市场经济本身最应蕴含的道德要求，比如，强调平等互利、共赢的竞争、诚信等，要把道德变成一种内在化、人性化、非政治化的东西，要有现实性和时代感，否则容易让人产生心理逆反和扭曲，无形中制造"假、大、空"。总之，要避免道德因拔高标准最终使其作用弱化；但另一方面，又要强调超越道德对市场经济的调节，为市场经济提供可持续的动力，比如，超越道德可以在社会的公益事业和慈善事业方面发挥积极作用，超越道德可以影响社会的第三次分配，起着社会制衡作用。重要的是，超越道德必须以时代的道德为基础，顺序不可逆，如果市场经济的道德基础没有建立完善，一味地强调超越道德，势必带来市场经济发展的后退和道德的扭曲。同时超越道德必须引领时代道德，以达到二者共同对市场经济调节的目的，保障市场经济的可持续繁荣发展。

第四，在道德的超越性部分，本书论述了儒、释、道中华优秀传统文化中的道德内容，这也是很多研究经济的伦理学家所忽略的地方，他们相关的经济道德的论述中几乎没有涉及中华优秀传统文化中相关道德的内容。中华优秀传统文化应该发挥其在市场经济中的调节作用。

社会主义市场经济发展究竟如何用道德力量进行调节，如何创造道德调节作用的舞台，这是当代社会迫切需要探讨和解决的重大课题。本书是笔者对在中央社会主义学院做博士后期间形成的出站报告进行修改完善而形成的,试图对我国社会主义市场经济发展中道德体系的建构和道德活动的践行做一个梳理和初步的理论思考,为社会主义市场经济的可持续繁荣发展提供一种思路。

四、篇章结构

本书的正文分为五章。

第一章提出问题,具体分析市场经济运行中道德调节的困境及其存在的原因。

第二章立足于经济与道德立体运动的演进关系,阐述市场经济运行中道德调节两个维度的理论依据。首先把道德分为历史道德、时代道德和超越道德三个层次。市场经济既与部分历史道德有异质性、与时代道德具有统一性,还与超越道德具有互补性。与市场经济异质的道德应该抛弃,促发新道德的生长点,从而弘扬与市场经济相适应的道德观念,更重要的是要传承历史道德中依然能够对市场经济发挥积极作用的道德,这部分道德超越任何时代,是在现实的道德基础上走向更高的精神境界层次,而不是简单地将传统道德合理化、绝对化。以道德的演进性为切入点,从三个层次来分析我国当前的道德现状,做出客观全面的分析,这样既不会陷入道德的悲观主义,也不会盲目乐观,更易分析出解决问题的路径。

第三章与第四章具体分析对市场经济进行道德调节的两个维度——时代道德的维度与超越道德的维度。市场经济运行中的道德调节,一方面要注重市场经济内生的经济伦理,强调市场经济本身应蕴含与之相匹配的道德要求,比如,强调平等互利、共赢的竞争、诚信等,要把道德变成一种内在化、人性化的内容,要有现实性和时代感,否则容易让人产生心理逆反和扭曲,要避免因拔高道德标准最终使其作用弱化;但另一方面，又要强调超越道德对市场经济的调节，为市场经济提供可持续的动力，比如，中华优秀传统文化中超越道德观念可以在社会公益事业和慈善事业方面发挥积极作用，超越道德可以影响社会的第三次分配，起到社会制衡作用。

第五章论述时代道德与超越道德的协调并举关系。一方面，要建立与市场经济相匹配的时代道德观念，另外一方面，要用超越道德对市场经济进行引领。超越道德必须以时代的道德为基础，并且要引领时代道德，二者协调并举，才能保障社会主义市场经济的可持续繁荣发展。时代道德与超越道德协调并举的人学意义是基于人的社会属性和精神属性。时代道德与超越道德协调并举的基础是把马克思主义基本原理同中国具体实际相结合、同中华优秀传统文化相结合，既要弘扬时代道德，又要传承超越道德。

第一章 市场经济运行中道德调节的困境与探索

1978年改革开放以来至今40余年,我国进入了社会主义市场经济发展的新时代。市场经济体制的转型带来了经济的飞速发展,但同时我们社会也面临着传统道德逐渐解体,与社会主义市场经济相适应的新道德体系尚未完全建立以及完善的局面,同时也面临着新旧体制转型中某些因素媾和而出现道德混乱与无序等问题,道德调节陷入了一种困境,亟须对经济与道德的关系问题进行探索。

第一节 经济体制转型与道德调节的困境

一、导源与现象:市场经济体制的转型

1978年改革开放以来,中国开始了以市场为导向的经济政策。1992年年初,邓小平同志在视察南方时的讲话中提出:"计划多一点还是市场多一点,不是社会主义与资本主义的本质区别。计划经济不等于社会主义,资本主义也有计划;市场经济不等于资本主义,社会主义也有市场……社会主义要赢得与资本主义相比较的优势,就必须大胆吸收

和借鉴。人类社会创造的一切文明成果,吸收和借鉴当今世界各国包括资本主义发达国家的一切反映现代社会化生产规律的先进经营方式、管理方法。"[①] 我国的社会主义改革事业自此纳入了人类文明发展的潮流。1992年10月,党的十四大提出"我国经济体制改革的目标是建立社会主义市场经济体制",自此我国明确开始了建立社会主义市场经济的进程。此后几十年,中国历代领导人根据市场化改革总体规划不断地对企业、市场、政府的宏观经济管理等进行整体、全方位的市场化改革,这极大地推动了中国经济的市场化进程,中国的市场经济迅速发展起来。目前,中国经济增速大大高于世界平均水平,经济总量稳居世界第二位,经济实力显著增强。市场经济为社会主义的发展注入了无限的生机与活力,极大地促进了生产力的发展,也带来了社会生活一系列深刻的变革,推动了中国向现代化迈进的历史进程。社会主义市场经济体制同我国社会主义初级阶段生产力发展水平相适应,是我国生产力快速发展的重要制度保障。

改革开放以前,我国实行高度集中的计划经济体制。计划经济体制对于新中国成立后在维护国家的主权和独立,巩固社会主义制度,促进国民经济的恢复与发展,满足人民群众基本的物质生存需要,发展初期社会主义政治、经济和文化等方面发挥了非常大的作用。但是传统的、高度集中的计划经济体制,从根本上说与现代经济发展的客观要求,与社会主义生产力高度发展的要求还存在着很大的不适应性,主要表现在以下几方面。

第一,社会资源得不到优化配置。在计划经济体制下,经济运行和资源配置的主体是国家,所有的经济活动都由政府计划安排。企业——无论是国有企业还是集体企业——都不过是国家经济主管部门的算盘珠,拨一拨才动一动,企业不用多想、不用多做,只要被动地执行国家

---

① 邓小平文选:第三卷[M]. 北京:人民出版社,1993:373.

的计划就可以。例如，当时我国的工业化就是国家动用行政力量进行强制投资而建设的。因此，企业生产的产品的价格对经济根本没有指示性，因为城乡隔绝，生产要素就不能从效率低的产业向效率高的产业流动，资源得不到合理配置，社会生产与消费、供给与需求脱节，人、财、物各种资源被极大地浪费和闲置。资源得不到优化配置，经济就没有活力，整体效率就偏低，社会生产远不能满足人民物质文化生活的需要，人民生活水平得不到大幅度的提高。有秩序、守纪律的政府计划调节本质上是死板、僵化、被动的体制，妨碍了我国工业化、城市化的进程，不利于经济的快速发展。

第二，劳动者的主体性、积极性和创造性得不到调动。高度集中的计划经济体制无法提供公平竞争的就业机会和有效的激励约束机制，劳动者整体的积极性、主动性和创造性受到极大的压抑；经济单位也缺乏自由自主选择的权力和内在的动力机制，造成"企业吃国家大锅饭、职工吃企业大锅饭"的消极后果。计划经济造成了生产者的依赖性和惰性，既不能使人全面发展，也不能使社会主义经济健康发展。

第三，人的个性得不到充分的发挥，个人独立精神的缺乏容易形成官僚主义作风和非民主的政治倾向。计划经济体制下，官员和企业领导的行动指南是唯"上级计划"是从，不管企业赢利与亏损，只要完成上级安排的计划和任务，就万事大吉、高枕无忧地享受待遇；其根本不用对市场负责，不用采纳人民群众的意见。长此以往，计划经济体制形成了打官腔、说官话、摆官架子的官僚作风。人的独立精神、个性发展的压抑妨碍了社会主义经济的健康发展。

传统高度集中的计划经济体制，使我国丧失了许多经济发展的大好时机。经济改革其实是改变这种体制，进行经济体制的转型，引入市场竞争机制，实现资源合理配置。市场经济是"以维护产权，促进平等和保护自由的市场制度为基础，以自由选择、自愿交换、自愿合作为前提，以分散决策、自发形成、自由竞争为特点，以市场机制导向社会资源配置的经济形态"。在市场经济体制下，不是像计划经济体制一样由国家引导产品和服务的生产与销售，而是完全由自由市场的自由价格机制所引导。市场经济可以通过价格这一简单而又灵敏的信号，及时地传达出社会供求的信息，并直接地传递给商品生产经营者，使他们能够根据这一信号来调节自己生产经营的方向、规模和类型，使社会的供求趋于平衡。市场经济可以使资源被配置到社会最需要的地方，形成优化的产出，实现效益的最大化。而传统的计划经济体制不可能实现资源的优化配置，因为少数人所制订的计划不可能对丰富多样而且不断变化的社会需求进行如实的反映，它缺少一个能客观有效地去反映社会需求的信息系统。正如古典经济学家亚当·斯密所指出的，市场通过价格和利益机制这只"看不见的手"自发调节着人们的经济行为，促成着社会资源的优化配置。

市场经济的最大特质不仅仅是市场通过价格和利益机制来调节经济行为这一功能，而是它建立了一种与"私有""契约""独立"相对应的"产权""平等""自由"等具有鲜明价值判断特性的行为规范制度，建立了一种通向文明的、高层次的关乎人与人之间关系的新主张和新追求。市场经济是自由、平等、产权明晰的文明经济，是市场交换规则普遍化的经济形态。市场经济培育出了具有独立人格的人，他们有强烈的权利意识、积极的参与精神；市场经济造成了社会权利的普遍化和分散化，削弱了形成独断专行的基础和条件，淡化了掌权者唯我独尊、排斥民主的意识。市场经济对整个社会生活产生了深刻影响，推动了整个文明的发展，不仅促进物质文明和制度文明的发展，还促进了科学文化教育事业、思想道德建设等方面的发展，促进着人们道德的进化、人格的丰富、才能的发展、观念的更新，推动了社会生产力的发展和社会现代化的进程。

二、矛盾与冲突：体制转型下的道德调节的困境

恩格斯曾经指出："人们自觉地或不自觉地，归根结底总是从他们阶级地位所依据的实际关系中——从他们进行生产和交换的经济关系中，获得自己的伦理观念。"[①] 社会经济体制和经济制度的转型必然带来伦理生活的变化。由传统的计划经济体制向新型的市场经济体制转型，是一场深刻的社会变革，社会经济成分、利益关系、分配方式、就业方式等都发生了重大的变化，社会变革的同时，也引发了伦理观念的变化。在新旧体制转换的过程中，一方面，原有的伦理道德观念会受到冲击、颠覆和解体，人们会产生种种纠结，而观念的更新需要一个长期的过程；另一方面，经济体制的转型使得经济高速发展，但是负效应也相伴而生。现今社会普遍道德水准令人担忧，引起人们的不满和焦虑，甚至部分人把此问题归咎于经济体制改革，甚至对中国改革的前途产生怀疑和否定。目前，传统道德逐渐解体，新道德观念还未完全建立，同时又出现新旧体制中某些因素勾结而产生的道德败坏，使得我们的社会出现了道德信仰危机，道德调节陷入了一种困境。

第一，新旧两种经济体制所蕴含的伦理精神和所需要的道德观念之间的冲突和碰撞使人们产生了伦理道德方面的困惑与纠结。

一方面，"毫不利己、专门利人"的价值观念与肯定个人正当利益的价值观念之间的矛盾和冲突。计划经济体制下，个人只是单位或集体的附属物，个人依附于国家、集体、单位或某个领导人，个人毫不利己地奉献给国家、集体，重视个人利益就是自私的表现，会受到批判。但随着市场经济的发展，人的主体意识和自主意识逐步取代人身依附观念，人们越来越重视个人才能的发挥和个人物质利益的获取，个人正当

---

① 马克思恩格斯选集：第三卷［M］. 北京：人民出版社，2002：434.

的利益得到了肯定和认可，追求个人的物质利益无可厚非，是正当合理的，而不是不道德的。以前人们耻于谈利，耻于言富，现在人们更多的是想着如何致富；以前社会的发展以政治为标准，现今社会的发展以经济和社会效益为标准；而新旧道德观的交替，伴随着痛苦与纠结，因为原有的价值观念在人的脑海里形成了深深的烙印，人们很难在短时期内扭转过来。

另一方面，安贫乐道、因循守旧、与世无争的传统价值观念，与勇于竞争、开拓创新、敢创敢闯的价值观念之间的矛盾和冲突。计划经济体制下，人们安于现状，欲望基本处于休眠状态，没有更多的想法；而在市场经济体制下，追求个人的正当利益成为市场经济的内在动力，人的欲望之门被打开了，为了满足人们多种多样的生活需求，人们勇于竞争和创新，激发了人内在的活力。等价交换、公平竞争、效率公平、民主法治的理性精神在逐步增强，这些都与计划经济体制的价值观念形成冲突，两种价值观念时常在人们的脑海里打架。计划经济体制下的传统道德价值观约束力弱化，已经基本失去了效力，市场经济体制下的道德价值观还没有完全形成和巩固，出现新旧价值观相互碰撞、相互冲突、相互交错、相互更替的态势。

第二，市场经济体制带来的经济的快速发展与市场经济极易诱发不道德和反道德行为二者之间的冲突，使人们产生道德的焦虑和不满，有学者把此现象称为经济与道德的二律背反。市场经济的高效率来自经济主体把资本无限增值，追求利益的最大化，并与别的资本相互竞争，把增值自身利益作为动力。人们片面追逐利益的最大化，使得社会开始变得一切从利益出发，一切向钱看，社会一切美好的人际关系都笼罩在金钱关系中，以是否拥有钱、权、利作为衡量成功的唯一标志，利己主义、拜金主义、唯利是图、为富不仁的现象随处可见。经济生活、政治生活和社会生活领域开始功利化，出现了假冒伪劣、走私贩私、偷税漏税、欺行霸市、权钱交易、贪污腐败、骄奢淫逸、虐待老人、金钱婚姻、卖淫嫖娼、吸毒贩毒等不道德的丑恶行为。"道德"似乎离我们越来越远，变得可有可无，人们似乎很少关注自己的所作所为是否是合乎道德的，而是更热衷于算计利益的亏盈、金钱的得失。良心和信念这些最基本的人格道德约束机制在一些人的心目中已经变得毫无价值。一些严重违背伦理道德和社会正义的行为，并没有得到有效的舆论谴责和批评；一些道德行为和正义之举也没有得到充分的赞扬和肯定。好人没有好报，孬人也没有坏报，"好人"这一概念开始变味，人们开始产生了道德焦虑感，变得不知所措、无所适从。

第三，由于改革开放带来了利益格局的多元化、分散化，人们的思想也出现了多元化。现代西方社会的道德观和价值观蜂拥而入；中国传统的道德观和价值观在经过多次断裂之后，在市场经济的开放体系中又开始重见天日；马克思主义与非马克思主义、传统与现代、工业文明与农业文明等多种价值观念并存，重要的是我们也没有彻底理顺其他的意识形态与马克思主义的主流意识形态究竟是一种什么样的关系，人们脑海里的观念五花八门，道德观的混乱、冲突与不同阶段的不同层次表达，进一步加大了道德调节的难度。

社会主义市场经济体制还在完善的过程中，社会结构发生深刻的变动，人与人之间的关系、人与社会的关系、人与自然的关系，都发生了深刻的变化。作为处理这些关系的道德行为准则，不可能不遇到一系列新的挑战，不可能不产生一系列新的矛盾。我们需要根据变动着的中国实际，遵循道德发展的客观规律，不断探索新的途径和方法，扎实推进与社会主义市场经济相适应的道德建设。

第二节 道德调节问题的理论探索

经济和道德从来就有着不解之缘。经济运行中的道德调节涉及经济和道德的关系问题。自古以来，无论是西方还是东方，人们一直都在探索如何对经济进行道德调节。尤其是在西方历史上，更是不断探索如何平衡经济和道德之间的关系，值得中国借鉴。

一、对经济进行道德调节的历史探索

（一）道德的强调节：道德规范经济、经济依附道德

古代中国有着丰富的经济伦理思想，甚至从某种意义上说，经济伦理化是中国古代经济思想的主要特征。在古代中国，经济行为离不开道德的规范。以道德来规范人的经济行为历来是传统哲学的主流，儒家哲学中义利观占有特别重要的地位。在道德与经济的关系上，孔子承认道德理想应以物质利益为基础，但又肯定道德理想高于物质利益，反对汲汲于个人私利。孔子说，"君子喻于义，小人喻于利"，要"见利思义"，"君子义以为上"[1]。董仲舒说："夫仁人者，正其谊（义）不谋其利，明其道不计其功。"[2] 这些道德伦理体现了重道德而轻富贵的义利观，对"卑劣的贪欲"加以道义的限制，要求以仁义去节制对利的追求，体现行为主体的自我节制。商业在古代社会虽有着经济社会发展中不可或缺的地位，但在传统权力的运行框架内，通常被认为是"末业"。"重农抑商"是中国古代社会历代统治者制定商业政策的重心所在。在这种利益格局下，儒家的君子小人之辩、法家的强君弱民之理深入人心，塑造了商人寄生性和依附性的特点。

古代欧洲同样如此，经济依附于道德，受道德的支配，经济思想本身有很强的伦理意蕴。经济往往与政治、法律、伦理混合为一体。古希腊文明时期的经济思想是以当时的道德哲学作为规范的，经济学就是关

---

[1] 杨伯峻. 论语译注 [M]. 北京：中华书局，1980：39，149，190.
[2] 班固. 汉书 [M]. 北京：中华书局，1962：2524.

于使经济活动得到规范管理的道德箴言。例如，亚里士多德激烈地指责高利贷，对财产权利进行限制，这就体现了很强的伦理成分。欧洲的封建主义经济思想也受伦理道德的规范，并且经济思想是在基督教的道德教义中，人们以基督教的神学教义为标准去对经济问题进行分析和价值判断。这种经济学思想谴责贪婪与欲望，谴责那些使剥削和不平等加深的经济活动；中世纪早期的教会认为基督徒不应该做商人，担心贸易使人们不去追随上帝，认为富人进入天国比骆驼穿过针孔还要难。对利益财产的追求动机在基督教神学道德的重压下难以扩张。

中古时期，无论是东方还是西方，传统的道德哲学家都以道德来规范经济活动，他们认为物质的生产不是人类发展的目的，其实质上是对这个社会内部的商品经济的牟利从道德上给予约束、抑制，这种道德约束体现了经济与伦理道德关系密切，道德对经济具有很强的调节性。

（二）道德的弱调节：道德中立化、经济独立化

随着中国社会的发展，传统道德与经济牟利的对立也开始受到冲击。如明清之际，早期启蒙思想家、教育家颜元就主张兼重义利，同董仲舒的"正其谊（义）不谋其利，明其道不计其功"唱反调，主张"正其谊（义）以谋其利，明其道以计其功"[①]。商品经济开始摆脱传统社会道德规范对它的发展的限制和束缚，商业活动谋取利润的动机在道德上不再被指责为可耻。明清则属于商品经济高度活跃繁荣阶段。进入明清社会，准确地说自宋元以来，商人阶层的社会价值逐渐得到了权力阶层的肯定，为适应政商伦理关系的一系列新变化，此时的商德开始表现出越来越强的自律性和自为性，进入自觉发展的新阶段。不过，即便如此，传统商人到封建社会末期依然无法摆脱对专制权力和儒家人格的依

---

① 颜元. 颜元集 [M]. 北京：中华书局，1987：163.

附。① 鸦片战争前，虽然中国已有资本主义萌芽和少量的工场手工业。但"若想从传统中国富商大贾身上找到社会变革所需要的新的社会力量，乃至'资本主义的曙光'，无异于痴人说梦"②。

但西方社会随着资本主义的产生和发展，出现了经济的独立化。随着商品经济日益繁荣，一个被称为资本主义的新时代到来了，原有的对经济活动进行道德规范的限制和约束开始解构。道德与牟利的关系终于发生了根本变化，从原先对利润动机的道德谴责转变为道德中立化。例如，基督教对高利贷的态度上就有所松动。在商品经济大潮面前，人们迫切需要从借贷关系中获得投资的资金，1574年，新教的卡尔文否认"借钱与人而收取报酬是一种罪恶"——这意味着对亚里士多德关于货币不增值的权威观点的挑战，卡尔文承认货币是可以用来取得那些会产生收入的东西，只有对为灾害所迫的穷人放债收息才是罪恶。人们通过商业活动谋取利润的动机在道德上不再被指责为可耻。这种动机甚至被承认为经济的基本动力，经济随之出现了独立化过程。道德中立化带来了经济的独立化，集中体现在人的身上，就是人的解放，人的个体性、主体性得到张扬，尤其表现在亚当·斯密所提出的摆脱传统旧道德束缚的"经济人"这一概念上。经济人是作为对封建性的道德人的否定而出现的。

第一，经济人把人从社会关系中抽象出来，强调人的自然本性即人与人之间没有任何区别，人天生就是自由和平等的，人与人之间可以自由、平等地交换。自由的交换即排除对商品交换规律的任何人为因素干预，让一切生产者只服从看不见的手的引导，并遵守正义法则，而不是为所欲为。平等的交换是指排除他人的恩惠和赠给，进行有偿的物品流

---

① 冯磊. 明清晋商兴衰中的政商伦理与德性演变研究 [D]. 北京：中共中央党校（国家行政学院），2021.
② 王家范. 帝国时代商人的历史命运 [J]. 史林，2000（2）：16.

转。在交换的买卖活动中，人们不是遵从无私奉献的伦理原则，而是奉行等价有偿的互惠互利原则。等价交换原则被确定为商品交易的基本规则。经济人实际上是人格的资本化，它反映了资本的职能和本质。亚当·斯密的《国富论》中描绘的经济人就是人格化为资本家的人。

第二，经济人同封建人相反，经济人只注重改善自己的物质条件，忽视改善自己和别人的灵魂。经济人不是道德人，他天生具有追求个人利益的倾向。具有利己本性的经济人追求个人的物质利益，在客观上就启动了社会经济运转的枢纽，促进了社会的总体利益，他能够通过市场机制追求个人私利的活动来实现社会利益最大化，即所谓的主观为自己，客观上有利于社会。在斯密看来，即使这种经济行为不是完全出自无私利他的伦理动机，但它是自由市场经济的产物，具有历史和现实的合理性和正当性，因而它不仅是合法的，也应该受到道德的肯定。

道德的中立化对于经济学从传统（道德）意识形态束缚下摆脱出来，具有积极意义，但是矫枉过正就会走向另外一个极端，因经济的发展和时代的变更，道德和经济越走越远，二者分道扬镳。斯密的经济人到了19世纪70年代开始转变为市场人，市场人本质上仍然是经济人，但是市场人的理论基础则是以萨伊为代表的生产要素服务论，认为所有的生产要素在经济活动中都具有"服务"的职能。试图把资本主义社会里的一切都按资本的属性来加以统一的描述。由斯密的经济人发展为市场人，就意味着由单一的资本人扩展到所有生产要素都被资本主义人格化了。经济学逐渐变为一种纯技术工具性学科，经济与道德差异性越来越大，道德对经济的调节越来越弱，经济学的道德科学属性也越来越弱。

（三）道德和经济交叉联合——道德调节的不可或缺性

19世纪70年代开始，受西方资本主义的影响，外国的技术和生产方式传入中国，自然经济逐步解体，在洋务运动的推动下，我国一部分商人、地主和官僚投资于新式工业，出现了民族资本主义。尤其是辛亥革命推翻了清朝政府，结束了在中国延续几千年的君主专制制度，近代以来中国发生的深刻社会变革由此拉开了序幕，中国民族资本主义得到了进一步发展。在民族资本主义发展的过程中，出现一批实业企业家。他们把道德感与经营结合起来，而不是一味贪婪地追求利润，形成了一种与商业相关的伦理观念。如张謇等老一代民族企业家展现出的爱国情怀、开放胸襟、创新精神、诚信品格、民本意识和强烈的社会责任感，是近代历史上一笔宝贵的精神财富。2020年，习近平总书记在江苏考察调研期间，参观南通博物苑张謇生平展陈，了解张謇兴办实业救国、发展教育、从事社会公益事业情况。习近平总书记指出，张謇在兴办实业的同时，积极兴办教育和社会公益事业，造福乡梓，帮助群众，影响深远，是中国民营企业家的先贤和楷模。

西方社会在资本主义发展的过程中，也逐渐意识到道德在市场经济运行中的重要性。19世纪末20世纪初，自由资本主义向垄断资本主义转化，自由市场开始出现破损，垄断使自由市场竞争变得很不完全。西方经济学家意识到资本主义市场经济不再是一个无须过问的、能自发协调的机制。这种认识动摇了原先的经济人概念。另外，资本主义社会的极端利己主义发展导致资本主义经济出现市场泡沫和经济危机，威胁到资产阶级的总体利益；启蒙运动和工业革命逐步激活人们的物质欲望，随之出现与其关联的生态危机、诚信危机、人道主义危机等，这让人们深思追求财产的人们是否要放弃通往美德的道路。并且，随着社会物质财富的增多，物质生活水平的提高，人们已不满足于早期的单纯追求物质利益，而要追求个人价值的实现和与此有关的精神生活的需要。因此，一些经济学家在理论上开始不再单纯盯住生产过程而转向对人性复归的思考。人们开始重新思考经济人的含义，开始反思和质疑"经济人即把人的一切经济行为都归结为资本的行为，把人只归结为资本的人格化"这一论点。反思的结论就是：经济活动中的人不仅仅是具有资本属性的市场人，而且是具有社会属性的社会人，已经突破把人仅仅理解为一种生产要素的传统观念，人不仅是进行经济活动的生产要素，还具有人类感情和道德伦理观念。在经济活动的实践中，人的积极性固然首先来自追求剩余价值的内在冲动，但也来自精神文化因素；人不单纯是一种经济动物，而且是一种具有社会性、组织性、伦理性的社会人。

德国思想家马克斯·韦伯首先表达了对人的这种新的认识。他十分强调市场经济的人需要伦理的哺育，其在20世纪初发表的作品《新教伦理与资本主义精神》中详尽地论证了西方近代资本主义市场经济的发展得益于新教伦理，新教伦理对合理地获取财富的肯定及对非理性地使用财产的反对，对欺诈和冲动性贪婪的谴责，既鼓励了人们创造财富的欲望，又抑制了人们光顾个人得利的拜金主义。新教伦理对资本主义发展的重要性显而易见，韦伯肯定地说："在一项世俗的职业中要殚精竭虑，持之不懈，有条不紊地劳动，这样一种宗教观念作为禁欲主义的最高手段，同时也作为重生与真诚信念的最可靠、最显著的证明，对于我们在此已称为资本主义精神的那种生活态度的扩张肯定发挥过巨大无比的杠杆作用。"[①] 韦伯针对当时西方存在的种种问题，重申了市场经济和伦理并行不悖，着重强调了伦理道德调节对市场经济活动成功的巨大作用，对于人们重新找回失去的伦理道德无疑具有非常大的启发意义。

20世纪著名的经济学家凯恩斯的经济理论中的"人"已经不仅仅是一种生产要素，还是具有社会性、伦理性的社会人，体现了人的道德性。他主张量入为出的消费道德观和济贫的征税制，即向富人征税救济穷人。对富人征税减其储蓄，救济给穷人使之用于消费，从而增强整个社会的边际消费倾向，扩大生产，实现充分就业。对人的社会性质的忽

---

① 马克斯·韦伯. 新教伦理与资本主义精神［M］. 于晓，陈维纲，译. 北京：生活·读书·新知三联书店，1992：135.

视不仅仅会伤害生产者的积极性，而且会影响经济活动的效率与公平，企业生产经营者已经深切地体会到了伦理因素在企业中的必要性，试图把伦理因素引入企业的决策和经营管理过程之中，以改善企业在公众中的形象，推行伦理因素和利润因素融为一体的企业活动模式。伦理道德调节越来越成为经济活动中不可或缺的一部分。

二、我国市场经济运行中道德调节的现实探索

我国长期处于封建社会的小农自然经济阶段。中华人民共和国成立后，确立了计划经济体制，直到党的十四大才确立以建立社会主义市场经济体制为改革目标。随着我国经济体制改革的逐步深入，整个思想界对经济体制改革过程中存在的问题、经济和道德关系究竟如何、道德能否对市场经济进行调节等进行了广泛的探索和深入的思考。我国社会主义市场经济体制确立后关于道德调节的种种争议主要有以下几点。

第一，道德不可能对经济进行调节，因为经济和道德非此即彼。主要代表观点有"二律背反说""代价说""恶动力说"等。"二律背反说"即经济的发展和物质的富足，与道德生活水平的提高，二者不可兼得。通俗地说，就是随着经济的发展，道德不是进步了，而是退步了，或者说，经济的发展不仅没有带来道德水平的提高，相反，却带来了一系列道德问题，甚至导致道德的堕落和沦丧，从而陷入深深的道德困境。这是因为市场经济就是追求利益最大化的经济，是以利益分化、各谋其利为前提，这是市场经济的原始动因。市场经济的特征就在于动机的功利性、行为的他律性、后果的利己性；而道德动机必须是超功利的，道德行为是自律的，其后果是利他的。市场经济与道德必然表现为互斥、对立甚至冲突。[①] 市场没有感情，没有良心，它必然导致利己主义、拜金

---

① 何中华. 试谈市场经济与道德的关系问题[J]. 哲学研究, 1994 (4): 25-31.

主义等非道德倾向，与道德的本质规定是相悖的，它不可能受道德乃至其他任何非强制力量的约束，它不可能与道德共同发展，更不可能为了道德的发展而讲"义"忘"利"。市场经济与道德进步的拒斥使得市场经济本身不可能孕育出伦理精神和道德要求，市场经济也根本不可能用道德对其进行调节。因此，二律背反论者对发展社会主义市场经济的后果充满了悲观的情绪。

"代价说"主要讨论社会进步的代价问题，社会的进步必然以一定的牺牲为代价，市场经济发展必然以牺牲道德为代价。道德滑坡是发展市场经济的不可避免的历史代价，为了推动社会的发展，我们不得不做出牺牲。"在人类的历史发展中，善同恶是携手前进的，进步本身是幸福和灾难的结合，也就是说，是一个矛盾的现象。"[1] "恶动力说"认为恶是历史发展的杠杆，主张用恶作为刺激社会主义商品经济和生产力发展的动力，认为改革开放以来正是物欲与金钱欲成了个人积极性的动力，发展市场经济必须借助恶的杠杆作用。正如恩格斯在批判费尔巴哈时说："自从阶级对立产生以来，正是人的恶劣的情欲——贪欲和权势成了历史发展的杠杆，关于这方面，例如封建制度的和资产阶级的历史就是一个独一无二的持续不断的证明，但是费尔巴哈没有想到要研究道德上的恶所起的历史作用。"[2] 从历史评价的角度来看，恶对历史的发展有催化剂的作用。代价说和恶动力说其实都是二律背反说的进一步阐释而已，它们都是以道德和经济对立、非此即彼的立场为出发点，因此都不可能使道德对经济进行有利的调节。

第二，道德没有必要对经济进行调节，因为经济和道德彼此不相关。主要体现为经济与道德的"划界说"。"划界说"认为经济和道德是

---

[1] 捷·伊·奥伊则尔曼. 十四—十八世纪辩证法史 [M]. 钟宇人，朱成光，等译. 北京：人民出版社，1984：233-234.
[2] 马克思恩格斯选集：第四卷 [M]. 北京：人民出版社，1995：233.

风马牛不相及的两个范畴,它们之间没有内在的关联性。有的学者主张对经济和道德进行"严格划界",认为道德的本质是超功利的自律,而经济则以功利为取向出发,二者因为是相互排斥的,所以要采取"分而治之"的划界方案来解决二者的矛盾,在经济领域遵循金钱尺度,道德不应涉足;而在道德领域遵循道德尺度,经济不应涉足。避免功利与道德的相互混淆,防止金钱尺度与道德尺度的相互僭越。[①] 持"分疏论"者也认为,市场与道德不是同一个领域,市场经济的运行机制不会干扰道德的发展,两者互不影响。无论是划界说还是分疏论,它们的言外之意就是道德没有必要对经济进行调节,道德和经济各司其职,各就各位,互不影响。

第三,道德有必要对经济进行调节,因经济和道德正相关。经济和道德的正相关表现在经济和道德相互支撑、密切相关。20世纪90年代中期,我国经济伦理学的建立使经济领域重新回到社会领域。道德价值、伦理关系、道德责任是现实生活中从事经济活动的人和组织所无法回避的。经济和道德的相关性,这一看来极为浅显的认识成为经济伦理学的基本出发点。经济伦理学认为市场经济具有道德的合理性,市场经济也需要道德的规范和调节、需要道德的激励和引导、需要道德的赋能升华。离开了一定的道德规范、道德激励和道德的升华,市场经济不可能协调可持续发展。主要体现为以下几方面。

首先,伦理道德可以规范和调节市场经济中复杂的人与人之间的交换关系。正如诺贝尔经济学奖获得者道格拉斯·C.诺斯所指出的,即使在最发达的经济中,正式规则也只是决定行为选择的总体约束的小部分,大部分行为空间是由习惯、伦理等非正式规则来约束的。[②] 经济学

[①] 何中华.试谈市场经济与道德的关系问题[J].哲学研究,1994(4):25-31.
[②] 道格拉斯·诺斯.制度、制度变迁与经济绩效[M].刘守英,译.上海:上海三联书店,1994:49.

家厉以宁在其著作《超越市场与超越政府——论道德力量在经济中的作用》中充分地论证了道德力量在经济中的作用，他谈到习惯与道德调节是市场调节、政府调节以外的第三种调节，习惯与道德调节的作用是市场调节和政府调节替代不了的，也是法律所替代不了的。可见如果没有主体一定程度的道德自律，任何法律体系都不能有效地对市场经济中自由而又复杂的交换关系进行全面规范和约束。

其次，一定的伦理道德可以激励企业家创业的精神和激发企业员工的能动性，提高生产效率。现代的效率学认为企业生产的效率并不完全取决于要素的投入和资源的配置，还取决于一种未知的 X 因素，这就是职工的努力协调程度，而这种 X 效率的创造主要是由企业内在的伦理道德精神促成的。正如王小锡在《道德资本与经济伦理》中提出了"道德生产力""道德资本"的概念，道德作为一种生产力中的要素构成，协调着生产力内部要素的关系，决定着劳动者的价值取向和劳动态度，并作为人的核心要素成为生产力发展的动力源，道德进而构成了一种资本，即道德资本。道德生产力和道德资本概念的提出凸显了经济运作中道德因素的地位和作用。

最后，道德伦理可以有效地克服市场经济带来的局限性。如片面地追求利润，使得人们陷入现实的功利中不能自拔，沉迷于利欲的追逐而丧失了精神的追求，只有通过道德对市场经济的引导与人的自我道德升华，才能使人们从片面的利欲追逐中解脱出来。

随着经济和道德关系在现代社会的日趋复杂和人类反思意识的日益增强，经济和道德的关系越来越密切，经济与道德的相关性越来越受到重视，逐渐融为一体。尤其中国社会主义现代化建设进入了关键的历史时期，要实现"两个一百年"奋斗目标，实现全面小康和中华民族伟大复兴的中国梦，离不开完善的社会主义市场经济体制。构建更加系统完备、更加成熟定型的高水平社会主义市场经济体制离不开一套社会主义市场经济伦理道德体系的支撑。在改革开放的进程中，经济伦理道德体系的重要作用在很大程度上往往被忽视，特别是民主法治、公平正义、诚信友爱这些现代文明的核心价值和社会规范并没有随着市场经济发展而在现实中完全确立起来。如果改革基本只注重单一的经济改革，不注重社会主义道德体系的建立，这会造成市场经济的畸形发展。有学者甚至认为，中国市场经济的前景最终将取决于中国人的道德前景，这给予了道德在市场经济发展中至高的地位。对经济活动的伦理审视和对道德价值之经济学底蕴的揭示，是人类文明史上经济学家和伦理学家携手耕耘的共同领地。虽然有经济学家声称伦理学不应该干预经济学，也有伦理学家坚持伦理学只以道德为对象，与经济无关，但他们的声明和努力恐怕都是一种主观愿望而已。

纵观经济与道德关系的历史脉络的发展和我国社会主义市场经济运行中道德调节的现实探索，我们发现经济和道德的密切合作、交叉联合、互相渗透是趋势所在，伦理道德和文化价值要为市场经济导航，市场经济需要道德的调节。中国走社会主义市场经济道路已确定无疑，我们不可能再走回头路，我们的目标是构建高水平社会主义市场经济体制，不断完善产权保护、市场准入、公平竞争、社会信用等市场经济基础制度，建立和完善由社会主义市场经济伦理道德体系支撑的社会主义市场经济，引导全社会走向和谐，实现中华民族伟大复兴。那么用什么样的道德规范对我国社会主义市场经济进行调节？是单一的道德还是多层次的道德？经济和道德的关系是立体的、多层次的还是平面的？我们应如何走出经济与道德二律背反的困境？让我们带着这些疑问进入下面章节的探讨中。

第二章 市场经济运行中道德调节两个维度的理论依据

用何种道德对市场经济进行调节？本书对道德进行时间和空间上的综合分析，重点是把道德分为历史道德、时代道德和超越道德三个层面，市场经济与历史道德具有异质性、与时代道德具有统一性、与超越道德具有互补性，市场经济与道德关系是交叉立体运动，而不是平面化的关系。我们不仅要抛弃历史道德中的糟粕，发扬时代急需的道德精神，更重要的是传承历史道德中的精华以体现其超越性，扬、弃、传三位一体，不能只顾其一，否则都是对市场经济片面的调节。

第一节 经济与道德的立体运动

一、历史道德、时代道德与超越道德

根据马克思主义基本原理，社会存在决定社会意识，人们的思想观念归根到底是由经济因素决定的，"不是意识决定生活，而是生活决定

意识"[1]，马克思在阐述道德和经济的关系时，反复强调道德的根本基础和道德观念的最终源泉是人们的经济关系和经济状况，"人们自觉地或不自觉地，归根到底总是从他们的阶级地位所依据的实际关系中——从他们进行生产和交换的经济关系中，吸取自己的道德观念"[2]；"一切以往的道德论归根到底都是当时的社会经济状况的产物"[3]。社会存在是第一性的，社会意识是第二性的，道德作为一种社会意识，取决于社会的现实存在，其合理性也只能以它所赖以产生的社会存在去说明。在一定的社会存在的基础上，与之相适应的一定的道德观念有其存在并占据应有地位的理由。社会的经济关系和社会存在是处于不断的演变和发展过程中的。当社会存在发生了变化，建立在这一现实基础之上的原有的道德观念也就开始了失去自己的合理根据，变成一种不再适宜的、过时的东西。试图把某种道德观念看作永恒真理而抱住不放，并将其作为至高无上的尺度去评判其他道德观念，无疑是不正确的。尽管它所评价的其他各种道德观念中的确可能存在消极的、应该否定的东西，但这种评价方法本身仍然是不可取的。恩格斯说："我们驳斥一切想把任何道德教条当作永恒的、终极的、从此不变的道德规律强加给我们的企图，这种企图的借口是，道德的世界也有凌驾于历史和民族差别之上的不变的原则。"[4] 综上所述，道德是随着社会经济关系的不断演变而演进的，不同的社会经济关系就有不同的道德规范。

一种新的经济政治制度与体制，也需要建立与之相适应的崭新的道德体系，这就要求原有的道德必须进行质的突破，同时必然产生原来不曾有过的新的道德形态。我们现在是市场经济时代，如果以所处的时代为坐标，在这个时代之前的道德称其为历史道德，根据这个时代的经济

---

[1] 马克思恩格斯选集：第三卷 [M]．北京：人民出版社，2002：32.
[2] 马克思恩格斯选集：第三卷 [M]．北京：人民出版社，2002：133.
[3] 马克思恩格斯选集：第二十三卷 [M]．北京：人民出版社，1972：96.
[4] 马克思恩格斯选集：第三卷 [M]．北京：人民出版社，2002：134.

关系所决定的道德是其时代道德。针对市场经济而言，封建社会自然经济的道德和计划经济时代的道德都属于历史道德的范畴；而市场经济本身所蕴含的内生的道德属于我们这个时代的道德，它具有不同于以往道德的特殊规定性。从这个意义上说，道德具有一定的相对性，相对于经济关系的变化而产生变化。封建社会妇女缠足、烈妇殉夫等是一种美德，但现今就以此为落后，对此持否定的评判，现在更注重人的解放、人的尊严、人的独立性、人的基本权利，并以此为美德。

随着经济的发展，道德总的来说是进步的，这种进步归根到底由经济的必然性所决定，"我们研究的领域愈是远离经济领域，愈是接近于纯粹抽象的思想领域，我们在它的发展中看到的偶然性就愈多，它的曲线愈是曲折。如果你画出曲线中的中轴线，你就会发觉，研究的时间愈长，研究的范围愈广，这个轴线就愈接近经济发展的轴线，就愈是跟后者平行而进"[1]。在马克思、恩格斯看来，道德的进步就像其他一切社会意识形态的变化发展一样，并不是机械地受制于经济的发展，经济的发展只是从归根结底的意义上决定着道德的变化。正如普列汉诺夫所说的"人类道德的发展一步一步跟着经济上的需要，它确切地适应着社会的实际需要"[2]。

历史主义者往往从经济基础出发去把握历史的来龙去脉和发展趋势，他们要求对历史对象的分析，要着眼于发展变化的合规律性，因此他们更偏重道德随着经济关系的变化而变化。偏执历史主义原则，通常会从经济决定论的原则出发，认为市场经济作为迄今为止的最佳的资源配置方式，它的建立必然会逐步带来道德生活的全面更新，因为它提供着现代道德生存的经济基础。人们不难看出，当代中国的道德生活已经

---

[1] 马克思恩格斯选集：第四卷 [M]. 北京：人民出版社，1958：507.
[2] 普列汉诺夫哲学著作选集：第二卷 [M]. 北京：读书·生活·新知三联书店，1961：48.

逐步从空洞转向真实，由压抑的个性转向张扬的个性，由封闭的道德走向开放的道德，这是一个缓慢更新、爬坡的过程。而人们现今所发现的道德生活存在的问题，很多恰恰是经济体制转轨的不彻底带来的，有人得出道德生活今不如昔的结论，恰恰是因为他戴着传统计划经济体制铸造的道德眼镜看市场经济体制中出现的问题。历史主义者往往认为经济的发展是时代的主旋律，工具理性自然是社会主导价值取向，一切能够发展经济的手段都有着被运用的合理性。在现代化启动的过程中，经济主义、工具理性、世俗化的出现都是一种正常的历史现象，其中隐含着社会进步的杠杆，从某种意义上讲，社会道德总体上是进步的。

然而，道德也有其绝对性和相对独立性的一面，道德并不是绝对随着经济关系的变化而变化。所以时代的道德并不一定就一定比历史的道德进步。如摩西十诫和孔教五伦是"圣人所定教义的大纲领，几千年从未改变。自古以来，虽然盛德的士君子辈出，但对于这个大纲领只不过是加以注释，并未能另外增添一项。宋儒著作虽多，也未能变五伦为六伦，这就是道德条目减少而永不移易的明证。……关于道德问题，好像是古人独占了专利权，后人只能为承销商，除此之外是没有别的办法。这就是为什么在耶稣和孔子以后没有出圣人。所以道德后来一直没有改进，上古的道德和今天的道德，在性质上并没有变化。道德问题自古以来就是固定不变的"[①]。如上所述，有部分道德是不会随着时代的改变而改变的。道德不是时代积累的东西，不能用进步的尺度来衡量。道德是人自身的意义、人的内在价值的体现：越能体现人生意义和内在价值的行为，越具有高尚的道德性，评判道德高低的标准在此。20世纪下半叶，我们的学术界、思想界往往夸大道德的相对性和时代性，认为道德不道德完全因时代性而异，甚至因阶级性而异，把个人尊严、基本权利、同类感等视为唯心主义观点而横加批判。这种做法，今天不能再重

---

① 廖小平．思想道德论［M］．长沙：湖南人民出版社，1998：7.

复了。[①] 可见，时间的先后并非对道德行为持肯定和否定评价之最真实的、本质的标准。道德绝对性和相对独立性的一面，我们可以称为超越道德。

简单地说，超越道德可以从以下三方面进行理解：第一，超越道德即超越任何时代，对任何时代的人们都是适宜的道德，如亘古不变的做人的道理，人之为人应该具备的人格素养。历史道德中许多关于做人的道理，尤其是我国传统宗教信仰中不是关涉经济利益关系中的利人或互利的经济行为，而是关涉人格修养方面的道德，这部分道德是需要传承的，不能抛弃，而且跟时代道德也不矛盾，并能对时代道德给以保障。第二，超越道德即超越了市场经济时代的道德，摆脱现实的经济物质利益的束缚和限制，能让人们不再以物质利益的占有为目的，而是以创造物质财富和精神财富为目的。超越道德体现了人的一种思想境界追求，是在时代道德的基础上走向更高的精神境界层次，代表着人现今道德升华的方向，如共产主义道德。第三，超越道德是摆脱了狭隘的个人功利性，纯粹出于一种终极的价值关怀，而达到的一种人的自我超越、自我提升、自我实现和自我转变。

道德主义者往往更看重道德的超越性和绝对性，他们要求对历史对象的分析要着眼于发展变化的合目的性，要求从人的最终目的出发去评价历史任务、历史事件的价值和意义。偏执道德主义原则，则从善良意志出发，认为当前中国的道德生活陷入了全面危机，唯利是图取代了理想境界，冷漠残忍取代了道德良心，世风日下，人心不古，令人忧虑，道德一直在滑坡。他们认为社会进步的动力并不仅仅存在于经济之中，更何况经济发展的动力并不能单纯从经济本身产生，这就需要运用理想主义和道德主义的原则，即在抽象、超越的价值理性层面对经济主义、工具理性、世俗化等保持反省和批判，并实行必要的匡正。

[①] 张世英. 境界与文化 [J]. 学术月刊, 2007 (3): 13-20.

如果把道德主义和历史主义对立起来，偏执一端地分析中国现实道德生活状况，往往会得出片面性的结论。而笔者把道德分为历史道德、时代道德和超越道德三个层次，恰恰是对历史主义和道德主义的综合和统一。如果仅仅从历史主义的视角看问题，从经济基础出发分析道德随着经济关系的改变而改变，那么就会忽略超越道德的存在，我们就会陷入盲目的乐观主义，认为我们现有的问题都不是问题，只是一个必然的过程；而如果仅仅从道德主义视角看问题，把道德绝对化和静止化，那我们就会陷入道德的悲观主义。只从其中一个角度看问题，都是不全面的。所以，把道德分为三个层次来分析我国当前的道德现状，更容易做出客观全面的分析，更容易分析出解决问题的路径。

二、异质性、统一性、互补性的运动

既然道德分为三个层次，那么市场经济与道德的关系体现为市场经济与三个层次的道德之间的关系。现今是市场经济时代，那么市场经济与自然经济时代的历史道德必然呈现异质性，而与其派生的时代道德具有统一性，与超越道德具有互补性，市场经济与道德的关联体现为三者交叉渗透的立体运动，而不是一个平面化的水平移动。

例如，西方资本主义经济是冲破中世纪的神学思想桎梏而发展起来的。中世纪封建的历史道德观带有明显的宗法色彩、专制色彩和神学色彩，与资本主义经济关系有着根本性的对立，已经不能适应资本主义经济发展的要求。随着资本主义生产关系的产生和发展，必然要建立与资本主义市场经济相适应的道德观念。西方的文艺复兴、宗教改革运动、启蒙运动革新了人们传统的观念，人从神权的统治下获得了解放。资产阶级思想家们摧垮了封建社会压抑人、束缚人、摧残人的宗法思想、专制思想和神学思想体系，大力宣扬人的价值、人的本性和人的权利，建立了适应资本主义生产关系的新的自由思想体系，而合理的个人主义原则和合理的利己主义原则就是在这一过程中形成和发展为占主导地位的道德原则。正如亚当·斯密在《国富论》中对个人合理的利益给予了肯定，他说："人是理性的，是专为自己打算的，是受自我利益驱使的。如果任凭每个人都追求其自身利益，他也就促进了社会利益。各个人都不断地努力为他自己所能支配的资本找到最有利的用途。固然，他所考虑的不是社会利益，而是他自身的利益，但他对自身利益的研究自然会或者毋宁说必然会引导他选定最有利于社会的用途。"[1] 市场经济作为对封建自然经济的否定，它是适应社会成员之间由于社会分工所导致的相互交换劳动产品的需要而产生和发展起来的。市场经济的发展极大地调动了主体的积极性，促进了社会资源的合理配置，极大地促进了生产力的发展，与之相适应而产生的自主性、平等性、竞争性等道德精神就是人类道德发展中的一个巨大进步。市场经济就是在否定封建的自然经济过程中建立了与自己相适应的思想道德观念。在这一过程中，体现了市场经济与历史道德的异质性和市场经济与时代道德的统一性的结合。

首先，市场经济与历史道德的异质性。市场经济新的关系体系的存在意味着对原有封建经济关系体系的否定。作为主体的经济人不再是处于旧的封建经济体系中，而是处于新的市场经济体系中。经济人原有的、在旧的封建经济关系体系中形成的行为方式和思想道德观念，不可避免地会与新的市场经济关系体系所规定的行为方式和思想道德观念发生矛盾和冲突，而受到挫折和打击。经济主体必然会反思新旧经济体系中形成的思想道德观念的差异，重新认识现实领域中的矛盾、冲突以及挫折和打击，原有的历史道德观念会发生动摇，最终旧的行为方式和思想道德观念被否定和抛弃，被新的更适合的思想道德观念所取代。尽管

---

[1] 亚当·斯密. 国富论[M]. 郭大力, 王亚南, 译. 北京：商务印书馆, 1987: 25-27.

达到这一结果往往要经过一个或长或短的过程，但在社会存在的决定作用面前，或迟或早终将会达到。

其次，市场经济与时代道德的统一性。经济与道德具有同构性，新的市场经济结构必然对思想道德观念有其一般和特殊的规定性，某一社会道德的基本性质直接取决于该社会的经济结构。作为生产关系的经济结构是人与人的利益关系结构，是关于如何规定人与人的利益关系以解决人与人的行为矛盾，因此它直接决定了道德关系和道德结构。道德不是纯粹精神的产物，而是社会经济的产物，道德的基本原则和主要规范不是单纯满足精神需要，而首先是为满足人们物质经济利益的需要而产生的。因此，经济对道德有其规定性，经济活动的物质利益原则直接规定着道德的价值原则和行为规范。如果经济对道德没有规定性，或者道德不理睬不顾既定的经济利益关系而另树立其他的行为规范，那么这种道德注定要捉襟见肘，或者只是理想空谈，不符合实际的道德说教，不具有可操作性，根本无法普遍规范人们的行为。新的道德观念的正向生成过程，体现了市场经济与道德的统一性。

最后，市场经济与超越道德的互补性。人们一般都只看到市场经济与历史道德的异质性和市场经济与时代道德的统一性，然而，这是不够全面的。与时代道德相排斥的历史道德是应该抛弃的，与市场经济相适应的时代道德是应该发扬的，但是我们却往往忽略了历史道德中与市场经济不排斥，而且能弥补市场经济局限性的那一部分道德，即忽略了对历史道德中适宜现代社会，且对现代社会具有滋养作用的那部分道德的传承，忽略了超越道德与市场经济互补的一面。超越道德有其相对的独立性，适宜任何时代，它可以对市场经济进行引领和升华。只有超越道德对市场经济进行约束、引导和升华，才可以保证与市场经济相适应的那一部分道德的不沦丧、不走偏。一种经济之所以能够可持续有效地发展下去，它一定得接受超越道德的引导和升华。

市场经济运行中道德调节的两个维度研究——道德的时代性和道德的超越性

在资本主义市场经济发展过程中，曾经忽略了超越道德的作用，只顾顺应市场经济所规定的道德原则，而最终致使道德的堕落与危机。正如马克思说："资产阶级在它已经取得了统治的地方把一切封建的、宗法的各田园诗般的关系都破坏了。它无情地斩断了把人们束缚于天然首长的形形色色的封建羁绊，它使人和人之间除了赤裸裸的利害关系，除了冷酷无情的'现金交易'，就再也没有任何别的联系了。它把宗教的虔诚、骑士的热忱、小市民的伤感这些情感的神圣激发，淹没在利己主义打算的冰水之中。"[①] 丹尼尔·贝尔说："经济冲动力成为社会前进的唯一主宰后，世上万物都被剥去了神圣色彩，发展变革即一切。社会世俗化的副产品是文化上的渎神现象，资本主义便难以为人们的工作和生活提供所谓的终极意义了。"[②] "现代主义已经消耗殆尽，紧张消失了，创造的冲动也逐渐松懈下来了，现代主义只剩下一个空碗。"[③] 只顾市场经济所要求的时代道德而无视超越道德的引导，最终人的欲望会膨胀，失去控制，因此原有的时代道德最终也没有得到保障。

因此，市场经济与道德关系是市场经济与历史道德的异质性、与时代道德的统一性、与超越道德的互补性的立体运动，不是单一机械的，而是交叉混合的。我们不仅要抛弃历史道德中的糟粕，发扬时代急需的道德精神，更重要的是传承历史道德中的精华，扬、弃、传三位一体，不能只顾其一，否则都是片面的。

---

① 马克思恩格斯选集：第一卷[M]. 北京：人民出版社，1956：253.
② 丹尼尔·贝尔. 资本主义文化矛盾[M]. 赵一凡，等译. 北京：读书·生活·新知三联书店，1989：14.
③ 丹尼尔·贝尔. 资本主义文化矛盾[M]. 赵一凡，等译. 北京：读书·生活·新知三联书店，1989：66.

第二节 市场经济与历史道德的异质性

一、古代传统道德与计划经济时代道德的特点

我国古代传统道德与计划经济时代道德在对待义利问题上有着相似之处。义利问题就是在整个社会的价值导向、价值选择上是提倡道德还是着重强调功利。古代和计划经济时代在义与利的价值选择上，它们都重义轻利，强调道德是第一位的，以道德为价值的导向。孔子主张"义以为上""见得思义""见利思义""义然后取"，孔子还把对义和利的态度作为人格境界的衡量标准，"不义而富且贵，于我如浮云"。孟子继承孔子的思想，强调"王何必曰利？亦有仁义而已矣"，他将利看作善的对立面，在义利冲突时，应该为义而舍利，他说："生亦我所欲也，义亦我所欲也，二者不可得兼，舍生而取义者也。"[①] 荀子提倡"以义制利""义胜利"，这种重道德导向的倾向，发展到董仲舒那里则变成了"正其谊（义）不谋其利，明其道不计其功"。而计划经济时代也是以道德为价值导向，因为传统的计划经济模式本身就是为了抵制消极的道德思想观念，避免资本主义道德危机而做出的一种选择。只有高尚的个人道德品质和良好的社会道德状况才是社会主义和资本主义社会的根本区别。因此，要否定"经济冲动力"，否定个人的私利，否定功利，否则就会有损于个人高尚道德品质的培养和社会良好道德氛围的营造。无论是古代传统道德还是计划经济时代道德观都是重义轻利，刻意地把义和利摆在一个对立的位置，有义就不能讲利，追逐利益就是不义的表现。

其次，古代传统道德和计划经济时代道德都重公轻私，着重强调一切活动都要谋求社会的共同利益。古代中国人的道德观认为公者为大，

---

① 孟子 [M]. 方勇，译注. 北京：中华书局，2010：225.

私者为轻，如果一个人私心重，则一定对公不利，公与私不可能两全；甚至认为"公""私"二字是宇宙的人鬼关，如人人好公，则天下太平，但人人营私，则天下大乱。因此要求人们做到不以私害公、先公后私、公正无私、至公无私。传统计划经济时期的道德观也很强调公利，要求所有人的一切活动都要服务于、服从于社会整体利益、集体利益，排斥自私自利，把整体利益、集体利益放在第一位，突出强调社会整体意义、价值和作用，社会个体自我的意义和价值是微不足道的，个体只是整体的手段和工具，个人是集体的附属品，个人为了集体利益随时牺牲自我是应该的。在特定的时期，这样的集体主义，即毫不利己、专门利人的道德观发挥了很大的作用，但是在社会整体生产力发展水平不是很高的情况下，依靠个人境界高尚和道德自觉促进社会经济的快速发展不可能是长久之计，况且将集体利益与个人利益完全对立起来，否定个人利益的合理性，本身就是对道德的一种伤害和误解，因为将道德神圣化，空泛化，并以绝对的集体主义作为道德的核心，把它抬到了统摄经济和政治生活的至上地位，这是不符合人性的，也是不平等的。

最后，古代传统道德和计划经济时代道德都轻视人的欲望，基本认为社会和个人的发展靠的是道德理性，而不是物质欲望。古代中国人肯定人是有物质欲望的，但对物质欲望的社会作用却见仁见智。有的人认为，物质欲望必须限制在一定限度内，因为贪欲者，众恶之本，由此主张欲不可纵，因纵欲成灾。有的人则认为，人具有物质欲望并不可怕，关键的是人能否用道德理性来规范、控制自己的欲望，因此要求以理节欲和导欲，宋明理学则要求人们存天理、灭人欲。传统计划经济时期，人们用唯一的道德理性来支配自己的行为。人们认为追求物质欲望、自私自利，会像资本主义社会那样陷入道德的困境，会影响共产主义理想的道德状况的实现，因此要求人们控制物质欲望，狠斗私字一闪念，从根本上否定了物质欲望对个人活动和社会发展的重要作用。

把义与利、公与私、理与欲严重割裂、对立起来的禁欲主义道德观严重压抑了人性，束缚了人个性的释放与张扬，这种价值取向引导下所建立的道德体系一定会随着社会的发展被时代所淘汰而失去生命力。

二、市场经济与历史道德的互斥

古代传统道德和传统计划经济时代道德相对于市场经济时代道德来说，都属于历史道德的范畴，那么从根本上来说，是与市场经济内生的道德观相斥的，因为历史道德根源于人的依附性，而市场经济强调人的独立性。

（一）自然经济时代的人身依附关系

以人的独立性为根本特征的市场经济道德对自然经济道德的消极方面是一个根本性的否定。自然经济就是马克思所说的那种以"人的依赖关系"为特征的社会形态，以血缘关系为基础的宗法家族社会形态。社会成员以血缘宗亲关系为纵轴聚族而居，形成以农业生产为主体，农业生产与手工艺紧密结合的村社制。在这种社会形态下，"人的生产能力只是在狭窄的范围内和孤立的地点上发展着"，那么社会伦理关系是一种以血缘关系为纽带联系起来体现上下尊卑秩序的人伦关系，个体身份或地位由在血缘宗法关系中所处的特定位置所决定。自西周起，"敬天法祖祭鬼神"的宗法制度与国家的政治制度结合在一起，形成一个家国一体的等级秩序结构，一切经济政治资源按照社会成员与皇族这个掌握政治权力的最大家族的血缘关系的亲疏远近来进行分配，家族及个体的地位则取决于与皇族这个"大宗"的关系。因此封建社会这种以人身依附为本质特征的道德就是宗法的人伦秩序、等级特权、上下尊卑贵贱的"礼治"、统治与服从，造成了人的封闭而不开放，依赖而不主动，安稳而不开拓，扼杀了人的个性和能力的自由发展。自然经济差序格局的人伦秩序与以市场经济普遍主义为特征的契约制社会关系从根本上是互相排斥的。与市场经济相适应的道德理念是对自然经济状态下道德理念的根本性否定。

(二) 计划经济时代的政治依附关系

市场经济对于传统计划经济道德的消极方面也具有革命性的否定意义。在计划经济体制中，整个社会被组织成为一个庞大的政治中心主义的科层体系结构，顶端的权力中心逐级控制数量递增的下属层次，人们依据自己在自上而下的权力分布网中的位置取得自己的计划身份或角色，社会经济活动靠行政隶属关系和指令来维系和推动。计划经济虽然摧毁了古代以人伦秩序为格局的身份制社会关系，但没有建立契约性的社会关系，反而建立起另外一种组织更严密、覆盖面更广泛的身份社会——以单位为实体的国家权力科层结构。为了集中财力进行社会改造，以加快推进工业化特别是优先发展重工业，政府强化对经济资源的集中动员和利用。通过对私人经济进行改造，"剥夺剥夺者"或赎买，政府将财产权纳入政府的行政框架，垄断了所有的社会经济资源。通过单位这种行政细胞，计划体制将整个社会组成一个庞大的科层结构体系。顶端的权力中心通过自上而下的权力分布网，逐级控制数量递增的下属层次，从而把所有的人都编入单位所有制的科层关系结构，并固定其中的城里人与乡下人、干部与群众、国营与私营等不同的社会身份及其相应的权利和义务。人们处于什么样的单位，在单位中处于什么样的位置，决定着个体的社会地位。个体对于整体是政治依附关系，整体的利益是由上级来代表的，越高的上级便代表着越大的整体，因此下级对于上级实际上是一种准封建式的政治等级关系，上级发出权力意志的指令，下级接受并执行，整个社会运行的动力系统受官员权力支配。

在这种国家权力科层结构中，人不再依附于家族，而是依附于国家政治权力，因为政治权力几乎掌控了一切社会资源。由于计划经济的运行主要通过社会的调控中心来组织实现,极端依赖正式的组织和权威,政府为了降低仅仅依赖权威和命令进行社会经济的全面控制而带来的高昂成本,必然要塑造符合这种科层结构的计划人。因此,无私、奉献、牺牲、守纪和爱国等成了计划经济年代政府对人民灌输的主要道德内容。相比较而言,计划经济设定的科层结构比古代礼治等级秩序更依赖于对"人性"的改造,它所内涵的道德精神自然是以整体主义、权威主义以及道德理想主义为范导的奉献精神。哈耶克曾经指出:在这种体制下,"法律就不再仅仅是一个供人民使用的工具,反而成为立法者为了他的目的而影响人民的工具。政府不再是一个旨在带动个人充分发展其个性的实用的机构,而成为一个'道德的'机构——这里的'道德的'一词不是作为'不道德的'反义词来使用的,而是指这样一种机构,它把它对一切道德问题的观点都强加于其成员,而不管这种观点是道德的或非常不道德的"①。

(三) 市场经济时代的契约伦理关系

市场经济时代的新道德离不开主体意识的觉醒,是在人的独立性基础上所形成的主体利益意识、自主自立意识、竞争意识和开拓创新精神,是在道德实践中逐步形成并提炼升华的。恩格斯在《家庭、私有制和国家的起源》中指出:"英国的法学家亨利·梅因说,同以前的各个时代相比,我们的全部进步就在于 from statue to contract(从身份到契约),从过去流传下来的状态进到自由契约所规定的状态,他自以为他的这种说法是一个伟大的发现,其实,这一点,就它的正确性而言,在《共产党宣言》中早已说过了。"② 这里提到的亨利·梅因在发表于1861年的《古代法》中所提出的"从身份到契约"社会进步公式,具体地说

---

① 哈耶克. 通往奴役之路 [M]. 王明毅,等译. 北京:中国社会科学出版社,1997:77.
② 马克思恩格斯选集:第四卷 [M]. 北京:人民出版社,1972:25-76.

就是现代社会与古代社会的不同,"乃在于契约在社会中所占的范围的大小。……旧的法律是在人出生的时候,就不可改变地确定了一个人的社会地位,现代法律则允许他用协议的方法来为其自己创设社会地位"[①]。市场经济所需求的基于高度的独立自主的责任意识的契约制关系与人身依附关系和政治依附关系有着根本性的不同。

与自然经济不同,市场经济是货币经济,以等价交换为基础。在市场的自由交换中,人与人是平等的,义务和权利直接对应。这种义务和权利直接对应体现为经济伦理关系中主体双方的契约关系。在契约关系中,权利不经过义务的中介而直接显现,要求直接的义务、责任和主体的自主性。在契约制的经济伦理关系中,直接的义务和权利的对应要求制度性的公正或平等。契约制关系更具有适宜于主体自由活动的社会关系的流动性和开放性。企业作为独立的法人与企业从业人员、其他国企、国家、社会发生和维持关系,是以它高度独立、自我负责的企业行为为基础的。而身份制的经济伦理关系,是以义务和义务的对应为前提的。这种义务对应的特点,就是经济伦理关系中一方对另一方面的人身依附关系。理论上应负主要义务的一方,在实际中往往负较少的义务或不负义务而享受对方的义务的履行。在身份社会中,人们的社会地位是预先给定的,并由这种社会地位规定相应的权利和义务;在契约社会中,个人可以通过签约的方式承担某种义务和享受某种权利而为自己创造或设置社会地位。换言之,前者承担义务和享受权利的方式取决于所给定的身份地位,后者则依靠自主地、独立地选择承担的义务和享受的权利而主动地创造自己的社会地位。

我国从计划经济向市场经济转变,意味着从人身依附的身份制社会向个体独立、自由和自决的契约制社会转变。从主体的道德意识的觉醒程度来讲,市场经济的确与历史道德是互斥的,历史的道德伦理不利于

---

① 梅因.古代法[M].北京:商务印书馆,1959:172

当代主体独立自主的责任意识的建立和主体能动性的发挥,市场经济契约伦理关系的建立是对古代社会和计划经济时代相适应的历史道德的根本否定和创造性的更新。

第三节 市场经济与时代道德的统一性

一、市场经济对道德文明的作用

新的市场经济体制必然是对传统计划经济体制的否定,新的市场经济体制建立在"自由、平等、所有权"的前提下,它必然产生与市场经济相适应的道德伦理观念,从而对道德文明的发展起了巨大的推动作用。

第一,市场经济极大地提高了社会资源配置效率,社会生产力获得了巨大发展,人们的生活得到了极大的改善,为孕育新道德文明的产生奠定了雄厚的物质基础。如管仲所言:"仓廪实则知礼节,衣食足则知荣辱。"物质生活条件是道德生活的基础,生产力的落后、效率的低下、经济的匮乏,贫困的经济基础很难产生现代意义的道德生活。虽然物质水平的提高并不一定带来道德水平的提高,但是道德文明的整体推进绝不能离开物质生活水平的发展,因为"一切以往的道德论归根到底都是当时的社会经济状况的产物"[①]。

第二,市场经济确认了个人利益的合理性,不同于原有的经济体制排斥个人的物质利益,从而为道德的进步种下了新的种子。计划经济条件下道德的种子是集体主义,绝对排斥个人的物质利益,合理的利益需求都被当作自私自利的个人主义而遭到贬斥,社会整体利益和国家利益才是最重要的,是第一位的,个人对集体的服从、自我为他人的牺牲都

---

① 马克思恩格斯选集:第三卷[M]. 北京:人民出版社,1979:434.

是无条件的,这种集体主义是一种片面理解的抽象的集体主义,是一种道德乌托邦,不可能有广泛的群众基础,因此绝对的集体主义的道德种子也很难结出硕果。市场经济对个人追求正当物质利益的合理性给予了肯定,承认个人不仅是道德的主体,还是利益的主体,为道德文明的进步提供了新的种子。

第三,市场经济既然肯定了个人利益的合理性,那么随之而来就是人的主体意识的觉醒和复苏,人作为一个独立性存在开始真正成长。人的主体性意识为新道德的产生扎下了根。市场经济彻底地结束了人的主体性意识的休眠期,尤其是市场经济的竞争机制使得人的主体意识、独立意识、个性意识得到了释放和张扬。人们在市场经济中选择自己的喜好,去调整自己与周围的关系,自己做出道德选择和道德判断。相对于以往被动地接受道德教育和服从某种道德观念来说,这是一种进步,体现了人的尊严和人的自主选择的权利。突出人的主体意识,对个体的充分尊重,这正是市场经济能够有效地推动社会道德文明前进的根本动力。

第四,市场经济带来了人们道德观念的全面更新,从而使新的道德文明的形成成为可能。市场经济充分肯定主体经济利益的合理性和合法性,使个体的主体性原则代替了绝对的集体主义;市场经济崇尚效率和效益,使开拓创新取代了封闭保守;市场经济主张通过合乎规则的竞争实现主体活动的经济价值和社会价值,使公平的竞争代替了温情的平均主义。在新的价值取向和价值体系上形成新的道德观念和道德文明体系,如自主自律意识、勤奋竞争意识、开拓创新意识、时间效率意识、公平合理意识、公开公正意识、规划秩序意识、多元平等意识、科学理性意识、开放交往意识、契约信用意识、敬业乐群意识等与市场经济相契合的新的伦理道德正在不断地生长,新的社会道德文明正在形成。

概而言之,社会主义市场经济的发展不仅为新道德文明的产生提供了所赖以生存的土壤环境,为新道德的产生播下了意识观念的种子,而且市场经济促使人们主体意识的觉醒,使新道德产生的主体扎下了观念之根,促进了新道德的生长,带来了道德观念的全面发展,最终结出新道德文明体系之果。

二、市场经济的道德精神

任何一种经济体制也是一种伦理道德和文化体制,任何一种经济体制实际上都蕴含着某种文化精神,某种伦理道德规范和标准。[①] 因此,市场经济必然也蕴含着一定的道德精神和伦理道德规范,体现了市场经济与其所处时代的道德的统一性。

(一)经济人的自主性与自主型道德

在市场经济条件下,经济人必须是自主经营和自负盈亏、自我约束和自我发展。经济人既是责、权、利相结合的利益主体,又是自主决定命运的经营主体和投资主体。这样的主体拥有独立的财产权利,进而能够从自身的发展水平和生产条件出发,根据市场的行情,自主地选择自己的生产经营项目和方向,并从市场上购取生产要素,向市场销售产品,从而在市场上实现商品价值。由此派生出道德精神上的自主意识,个体不再无条件地服从与依附,而是具有独立品格的自由活动个体,个体与整体的关系不再以单纯的命令、奉献、表彰的关系定位,而是通过遵守权利义务关系准则来调整。市场经济充分肯定人的主体性地位,充分尊重个体的意义、价值和尊严,激发了人的积极性和创造性。个体的充分发展带来了社会整体的进步,社会个体的发展是社会整体发展的动力,反过来,社会个体的发展也是社会整体发展的目标。

[①] 吴忠. 市场经济与现代伦理 [M]. 北京:人民出版社,2003:6.

（二）经济主体的平等性与平等型道德

马克思说："商品是天生的平等派。"[①] 在市场经济关系中，参加交换的各经济主体的地位、权利、人格是平等的，不承认任何行政特权、财产特权、宗法特权和其他社会特权的强制作用，任何等级特权和尊卑之分是不存在的。不管他们在市场之外各自的地位和身份存在着多大的鸿沟，但在市场中他们就是买者与卖者的关系。在市场经济运行中的企业无论性质、规模如何，在市场上都是平等的利益主体，具体地表现为：不同的企业和个人能够机会均等地占有生产经营条件；能够机会均等地按照市场价格销售、购买商品；能够机会均等地参与所有竞争活动并享有平等的发展机会；另外，市场经济关系的平等性最重要的体现为市场的交换行为必须遵循等价交换原则，任何人都不得利用超经济的手段进行垄断，从而掠夺和抢占他人的劳动成果。在市场经济关系中，"平等和自由不仅在以交换价值为基础的交换中受到尊重，而且交换价值的交换是一切平等和自由的生产的、现实的基础"[②]。由此派生出市场经济条件下的平等型道德，强调的是规则、法律面前的地位平等、机会平等和权利义务的平等，而不论性别、年龄、财力、权势都一视同仁。

（三）市场活动的竞争性与竞争型道德

在市场经济中不同的利益主体都必须通过竞争参与经济活动，在平等的经济环境中争夺有利的生产和交换条件，实现产品的交换价值，获得自身利益的最大化，求得自身的生存和发展。诚如马克思所指出的：商品生产者"不承认任何别的权威，只承认竞争的权威，只承认他们互相利益的压力加在他们身上的强制"[③]。市场的竞争是全方位的，既包

[①] 马克思恩格斯全集：第二十三卷［M］. 北京：人民出版社，1972：103.
[②] 马克思恩格斯全集：第四十六卷（上）［M］. 北京：人民出版社，1979：197.
[③] 马克思恩格斯全集：第二十三卷［M］. 北京：人民出版社，1979：394.

括新产品的开发、销售、服务的质量竞争,还包括经营者的经营观念、经济伦理的素质竞争。优胜劣汰的竞争机制实现了经济资源的高效配置、生产效率的极大提高,促进了市场体系的不断完善和社会经济的快速发展。市场的竞争机制自然就赋予竞争以道德的伦理意蕴,但是市场经济强调的竞争并不是无序的恶性竞争,而是在一定的法律框架许可内的规范竞争。哈耶克曾经写道:"自由主义的论点则赞成尽可能地运用竞争力量作为协调人类各种努力的工具,而不是主张让事态放任自流。它是以这种信念为基础的:只要能创造出有效的竞争,这就是再好不过的指导个人努力的方法。它并不否认,甚至还强调,为了竞争能有益地运行,需要一种精心想出的法律框架。"①

(四) 市场经济的契约性与法律型道德

市场经济是自主性经济、平等性经济、竞争性经济,但是市场经济的自主、平等和竞争都是以规范、有序为原则。例如,市场经济的自主不是经济主体的随心所欲,市场经济的竞争也不是无序的恶性竞争,而是在经济活动中必须遵守契约和既定的游戏规则,讲究信用,从而确保经济运行的规范性和有序性。市场经济本身是一种契约经济,市场经济中的一切经济关系首先是一种契约关系。只有墨守契约,在规范有序的运行中才能创造公正平等的竞争环境,保证公平交易,保证经济主体的应有权益。契约就是各个主体的意志达成一致的法律表现。墨守市场契约和遵从游戏规则必须形成刚性约束机制,把市场的各项经济活动纳入法治化的轨道,以法律的形式加以固定和强制,形成良好的市场经济运行秩序。因此市场经济的法律契约性派生出法律型道德,遵守法律是道德精神的最基本要求和最低层次表现。相对于计划经济时代的"人治"来讲,这也是道德文明的一种巨大转型升级。

---

① 哈耶克. 通往奴役之路 [M]. 王明毅,等译. 北京:中国社会科学出版社,1997:41.

（五）市场主体的逐利性与能力务实型道德

在市场经济条件下，每个个体追求经济利益的最大化，都力图用他的资本，使其生产的产品能得到最大的价值。而无数个体都追求自身利益最大化就会带来整个社会经济的活力，增进了社会整体的公共福利和利益，亚当·斯密在《国富论》中将此概括为"看不见的手"的原理。马克思主义认为，"正确理解的利益是整个道德的基础"[1]。邓小平同志也讲："为国家创造财富多，个人的收入就应该多一些，集体福利就应该搞得好一些。不讲多劳多得，不重视物质利益，对少数先进分子可以，对广大群众不行，一段时间可以，长期不行。革命精神是非常宝贵的，没有革命精神就没有革命行动。但是，革命是在物质利益的基础上产生的，如果只讲牺牲精神，不讲物质利益，那就是唯心论。"[2] 经济主体逐利的正当性、合理性，自然会派生出市场主体的能力务实型道德。在市场经济中能力是最重要的，个人利益的追求凭借的是自身的能力。个体凭借自己的能力就可以获得合理的回报，获得利益。个体能力的起点是有差别的，但个体凭借自己的能力获取回报是平等的。在务实的活动中崇尚效率，实现对个体利益的不懈追求，努力提高自己的能力，充分发挥个人的创造性，这就是道德的。这种能力务实型道德精神，相比计划经济时代虚高的道德，无疑是巨大的历史进步。

市场经济的上述道德精神是任何一种市场经济体制都蕴含并在经济生活中强烈地体现出来的文化伦理精神，无论是资本主义的市场经济还是社会主义的市场经济，这是市场经济运行规律的客观要求。社会主义市场经济虽然具有社会主义制度属性，但它应该首先具有一切市场经济的本质特征和市场经济最基本的道德精神，即市场经济的"种"，这是最基本的前提，是市场经济的共同特点和规律所决定的。只有在这一基

---

[1] 马克思恩格斯全集：第二卷[M].北京：人民出版社，1960：166.
[2] 邓小平文选：第二卷[M].北京：人民出版社，1994：146.

本前提下，加上社会主义的"属差"因素，才可能真正体现社会主义市场经济制度的特色和其优越性。

第四节　市场经济与超越道德的互补性

一、市场经济体制的弊端与伦理局限性

市场经济体制相对于计划经济体制，显示出了无比的优越性，带来了极高的生产效率，促进了生产力的发展，但是市场经济也不是万能的，市场没有大脑和心脏，市场经济可以促使人不偷懒，但是市场经济不能保证人不撒谎，也不能保证人不损人利己。市场并不能解决许多社会问题，市场自身的弱点和消极方面也会反映到精神生活中来，在社会经济运行中暴露出它自身难以克服的局限性。

（一）自身体质的弊端

第一，市场经济带来资源配置的合理和效率的同时，也造成经济生活的盲目性。市场经济中经济决策是由微观经济主体分散做出的，它只能反映出现有的局部生产结构和需求结构，不能反映经济发展长远的整体的目标和结构，无法把握社会经济现象之间的全部联系，更不可能控制经济变量及其变动趋势。市场经济中存在着普遍的信息不对称，因此，在做出经济决策时也不可避免地会带有一定的盲目性。这种盲目性也必然会造成社会经济发展方向的不确定、市场的经常波动和资源的浪费。只要存在着信息不对称，就可能在交易中特别是委托—代理关系中出现"道德风险""逆向选择"等行为，市场就可能失效；市场经济还存在着所谓的"囚徒困境"，在"囚徒困境"中，彼此伤害对方是因为担心对方会伤害自己。因此，尽管市场经济的重复博弈会解决部分"信誉"

问题，但仅靠市场经济本身实际上无法实现市场配置资源的最佳效果。[1]

第二，市场经济分配有其局限性，容易造成两极分化。由于商品的价值量是由社会必要劳动时间决定的，商品生产者如果拥有先进的生产技术、充足的资金和有利的销售条件，其市场商品的个别劳动时间就会低于社会必要劳动时间，在竞争中处于有利地位，会占有更多的资本。相反，商品生产者如果生产技术落后，资金单薄和销售条件不利，生产商品的个别劳动时间高于社会必要劳动时间，就会在竞争中处于不利地位，以致亏损和破产，从而丧失独立生产者的资格。拥有原初资本较多的人，可凭借财富资本的优势占据更多的社会财富，其资本像滚雪球一样越滚越多，从而在资本的占有量上远远超过资本占有量少的人，出现明显的贫富分化，久而久之，这种富裕程度的差别会越来越大，导致一种社会经济的达尔文后果，进而引发激烈的社会矛盾。

第三，市场经济主要靠驱动个体利益来运行，它不会自动产生为社会整体利益着想的道德意识。例如，市场经济本身只关注资源配置的最佳有效方式，却缺少对资源贮存和来源的合理考量。盲目开采、掠夺性的能源攫取、无节制的资源浪费和不负责任的环境污染，造成了当今人类日趋严重的"生态伦理问题"[2]。市场经济也难以兼顾非营利公益事业的发展，市场机制中的动力来源于企业自身的经济利益。企业从利益目标出发，关心的只是消费者的直接需要以及物价、利率、汇率的变动等方面的情况，总是先投资于有利可图、见效迅速的部门或项目。市场的短视使得非营利公共事业、投资大见效慢、长期的重大项目就难以发展。

第四，市场经济本身不存在产生利他占主导地位的道德机制。等价

---

[1] 赵晓. 职业精神、伦理建设与中华民族复兴之路 [J]. 群言，2006（8）：2.
[2] 叶小文. 信任危机蔓延 重构公信应从政府着手 [N]. 中国青年报，2011-10-17.

交换和平等互利原则是在力量对比和利益争夺的竞争中得到贯彻的。[①]因此市场经济运行有其局限性，市场会自发地产生一些不道德的交易行为，产生消极的和破坏性的作用，如垄断倾向、恶性竞争、假冒伪劣、舞弊、投机等过度的利己行为，还有一些与市场直接联系的社会犯罪。这些活动不能完全靠市场契约去杜绝，根本上要靠法律和个人的人格道德品质。

（二）伦理局限性

市场经济片面追逐利益的最大化，经济主体通常会受到功利原则的支配，导致经济主体只围绕着自身当下的利益行事，不仅不考虑外在的社会利益，而且长远的自身利益通常也被抛在身后，这极易诱发不道德和反道德行为的发生。

第一，市场经济容易产生放纵自我的极端的个人主义、利己主义和道德虚无主义。因为市场经济易于和人性中的"恶"结合，有纵容、怂恿甚至系统培植人性自私和贪婪的缺陷，成为利己主义的温床。市场经济极易诱使一部分人为攫取当下的暴利和一己私利而采取与良心、义务、责任相悖逆的反伦理的方式。众多的腐败分子敢于肆无忌惮地将公共权力转化为私人资本，大捞个人钱财，从某种程度上说，正是极端个人主义、利己主义和道德虚无主义价值观放纵的结果。正如恩格斯所说："每个人都必然力图抓紧良机进行买卖，每个人都必然会成为投机家，就是说，都企图不劳而获，损人利己，乘人之危，趁机发财。"[②]

第二，市场经济交换原则的泛化，一切向钱看，导致社会丑恶现象的出现。市场经济奉行的等价交换原则并不是可以运用到一切领域，有一些领域，如法律、权力、品德、良心、尊严、贞操等本身是不能用金

[①] 叶小文．信任危机蔓延 重构公信应从政府着手［N］．中国青年报，2011-10-17．

[②] 马克思恩格斯全集：第一卷［M］．北京：人民出版社，1956：615．

钱和物品来交换的，但是现今这些领域也开始出现了等价交换，金钱交易无孔不入。"追逐金钱的活动，在中国从未形成这样一种全民参与，铺天盖地、来势汹汹；对金钱意义的张扬，也从来没有达到这样一种藐视任何道德法则的地步……商品拜物观念已经渗透中国社会各阶层的意识深处，以致教养、文化水准很不相同的社会各阶层，在追求金钱的过程中，其行为方式之不道德在本质上竟没有多大的差别。"[1]

第三，利益驱动和激烈的市场竞争容易刺激人们非常态的消费欲望。市场经济总是在竭力地蛊惑着享乐主义的生活观即享乐观，诱导人们去满足骄奢淫逸的欲望。享乐主义的生活容易缺乏意志和刚毅的精神。更重要的是，大家争相奢侈，失掉了坚强的意志力和奋斗创造的欲望。抛弃恒定的价值追求，滋生相对主义哲学观，助长及时行乐的生活观。并且在公共生活中，部分人不再把公共资源看得很神圣，而是偏重于个人私利，公众的公德意识淡薄。一些人缺乏起码的文明素养，丝毫不顾及他人的感受，会大声喧哗、随处张贴涂鸦、高空掷物等；不爱护公共财物，规则意识淡薄；破坏生态环境，掠夺自然资源等，凡此种种，都是不讲公德的表现。

第四，观念的世俗化会引致对人文精神的反叛和道德理想的缺失。市场经济强调产权明晰和主体自主，随着这一新体制的建立，政治与经济、政治与社会必然会逐步分离，传统的全能型的权力也必然会从社会中逐步退出。与此相适应，在意识形态和文化观念上就必然存在着一个世俗化的过程。西方市场经济体制建立的过程中，其观念的世俗化主要依靠摆脱神权的束缚而完成，主要表现为从对神性的崇拜转为对人性解放和人权的崇拜，从对宗教的敬畏转变为对现实人生的关注。我国在建立市场经济体制的过程中，其观念的世俗化主要依靠摆脱传统皇权专制

---

[1] 刘智峰. 道德中国：当代中国道德伦理的深度忧思［M］. 北京：中国社会科学出版社，1999：55.

统治和计划经济权力的束缚而完成，主要表现为从对君主权力的崇拜转为对个人自主性的崇拜，对崇高理想的追求转变为对现实利益的追求，对未来的憧憬变为对现实的关注。这一转变是一种观念的解放和意识的觉醒，是人个体性的一种复苏。但是在否定神权、否定权威、否定道德乌托邦狂热的同时，又会走向另外一个极端，一切理想和崇高的东西都会遭到怀疑和解构。世俗化一旦变得平庸化，那么负面效应就非常明显，人文精神会遭到反叛，终极关怀鲜有问津，人们开始躲避庄严神圣，放弃崇高，理想信念没有市场，生活缺乏价值信仰支撑，文化变得商业化、平面化、娱乐化，乃至庸俗化，人的精神变得沙漠化，这正是很多人精神迷茫、心灵困惑产生的重要原因。

二、市场经济需要超越道德

因市场经济有其自身体制的弊端和伦理局限性，所以市场经济需要超越道德的补充。诚如诺贝尔经济学奖得主美国经济学家道格拉斯·C. 诺斯（Douglass C. North）所言，自由市场制度本身并不能保证效率。一个有效率的自由制度，除了需要一个有效的产权和法律制度相配合之外，还需要在诚实、正直、合作、公平、正义等方面有良好道德的人去操作这个市场。[①] 诺斯所说的诚实、正直、合作、公平、正义等道德正是一个人的人格道德，超越经济利益的一种道德。诚实、正直等人格道德行为不是市场自发的，它需要文化的哺育。新教伦理就曾对资本主义的市场经济发展起到了非常重要的作用，马克斯·韦伯曾深刻地指出，虽然经济理性主义的发展部分地依赖于理性的技术，但采用某些类型的实际的理性行为却要取决于人的能力和气质。如果这些理性行为的类型受到精神障碍的妨害，那么理性的经济行为的发展势必会遭到严重

---

① 叶小文. 文化建设与市场经济中的道德调节 [N]. 学习时报，2011-09-21.

的、内在的阻滞。各种神秘的和宗教的力量，以及以他们为基础的关于责任的伦理观念，一直都对行为发生着至关重要的和决定性的影响。[①] 马克斯·韦伯的话说明了人的精神气质和伦理观念对市场经济行为的制衡作用。市场经济需要文化信仰和超越的道德的哺育，例如：

第一，市场经济需要合道的财富观和消费观。市场经济追逐利益和产权的最大化无可厚非，是市场经济的本质所在，是市场经济保持活力的源泉。但是在承认利益的合法性和承认产权的前提条件下，对利益和产权的经济态度也至关重要。如果说，产权是人格本身的权利，那么对产权的态度更能体现出人格的高大与否，更能体现出"人"是否是真正的"人"。"产权"包括"产"的所有权、占有权、支配权、使用权、收益权和处置权。"产"本身无善无恶，无是无非，但是对这些产权如何使用，是"抢"是"葬"还是"藏"，则体现着人的善恶和是非，体现着人的道德水准和境界高低，是一个重要的伦理问题。对产权如何看待，对产权如何行使，对经济收益如何处置这一伦理观念，某种程度上决定了市场经济是否螺旋式上升、跃迁式发展。意即，钱是好东西，为钱也已经正名，赚钱也是合理的，但是如何赚钱、如何花钱是个很强的伦理问题，比如，我合法赚钱后去大吃大喝、铺张浪费，政府和法律很难真正监管，只能靠个人的人格道德去约束自己，只有靠伦理道德去教育人们合道的财富观是什么，合道的消费观是什么，只有靠伦理道德去驯服人的欲望，提升人的思想境界。如超越道德就可以对人们的不道德的牟利动机和手段给予制衡。

第二，市场经济需要富人有超功利的道德境界。随着市场经济的发展，技术革命和社会变革的加速，会出现收入分配不平等，贫富差距加大的现象。20世纪80年代初，我国基尼系数为0.275。而2023年，我

[①] 马克斯·韦伯. 新教伦理与资本主义精神[M]. 于晓，陈维纲，等译. 北京：读书·生活·新知三联书店，1987：15-16.

国的基尼系数为 0.47，超过 0.4 的国际警戒线，高于世界平均水平（0.44），也高于其他主要发展中国家（如印度 0.35，巴西 0.41，俄罗斯 0.42）。当前农民总量过多、收入水平过低，收入差距过大，中等收入群体比例较低。贫富差距、两极分化严重，会造成人们心理失衡，成为最不稳定的因素，威胁到社会的稳定和发展。尽管政府可以通过向富人多征税等政策调节收入的分配，但是也解决不了本质问题，只有通过超越道德进行调节，需要富人自我思想境界的提升来改变现状。超越道德可以让富人变得不那么为富不仁，变得更有爱心，更有慈善心，更关注社会的发展，而不是自私自利的冷漠。富人为弱者谋福利的慈善活动是以富人的人格道德为前提的。如果一个富人眼中只有钱，一切以资本为轴心，他不会有爱心，不会追求精神的高尚。慈善活动，即把自己的"产"自愿转让给他人，这弥补了市场经济中市场和政府调节的局限性，实现了经济过程结束后的第三次分配。厉以宁教授认为在两次收入分配之外，还存在着第三次分配——基于道德信念而进行的收入分配。"第三次分配，是在道德力量作用之下的收入分配，与个人的信念、社会责任心或对某种事业的感情有关，基本上不涉及政府的调节行为，也与政府的强制无关。这是在政府调节之后，个人自愿把一部分收入转让出去的行为。"[①] 出于超越道德力量的慈善、捐赠越多，第三次分配在社会收入分配中所起的作用越大。出于道德信仰力量的收入转移行为，的确有利于收入分配的协调，克服贫富分化的"马太效应"，弥补市场调节的局限性，在一定程度上缓解了部分困难人群暂时的生存压力，客观上缓冲了社会对抗因素，为社会稳定起了一定的作用。所以说，这些起调节作用的道德因素是规范和影响社会和谐关系的重要因素，超越的道德在市场经济运行中有很大的可作用的空间。

高水平的市场经济是促进人民共同富裕的市场经济。我们提出的

---

① 厉以宁. 股份制与现代市场经济 [M]. 南京：江苏人民出版社，1994：79.

"共同富裕"理念,就需要超越道德作为一种支撑,为市场经济提供可持续健康发展的精神资源。习近平总书记曾强调,共同富裕是马克思主义的一个基本目标,也是自古以来我国人民的一个基本理想。孔子说:"不患寡而患不均,不患贫而患不安。"孟子说:"老吾老以及人之老,幼吾幼以及人之幼。"《礼记·礼运》具体而生动地描绘了"小康"社会和"大同"社会的状态。按照马克思、恩格斯的构想,共产主义社会将彻底消除阶级之间、城乡之间、脑力劳动和体力劳动之间的对立和差别,实行各尽所能、按需分配,真正实现社会共享、实现每个人自由而全面的发展。[①] 共同富裕本身就是社会主义现代化的一个重要目标。实现共同富裕不仅是经济问题,而且是关系党的执政基础的重大政治问题。

而实现共同富裕,要发挥第三次分配的补充性作用。2019年,党的十九届四中全会提出,重视发挥第三次分配作用,发展慈善等社会公益事业。2020年,党的十九届五中全会再次提出,要发挥第三次分配作用,发展慈善事业,改善收入和财富分配格局。2021年8月17日,中央财经委员会召开第十次会议,会议指出,要坚持以人民为中心的发展思想,在高质量发展中促进共同富裕,正确处理效率和公平的关系,构建初次分配、再分配、三次分配协调配套的基础性制度安排。相对于市场根据要素贡献进行初次分配和政府体现国家意志进行再分配,第三次分配是社会主体自主自愿参与的财富流动,就要引导更多个人、社团和企业自愿积极参与社会公益事业,创造有利于公益慈善事业发展的社会环境,合力推动全体人民共同富裕取得更为明显的实质性进展。这都需要弘扬中华民族乐善好施、守望相助的传统文化信仰,需要超越的道德作为一种支撑。

---

① 习近平. 习近平在省部级主要领导干部学习贯彻党的十八届五中全会精神专题研讨班上的讲话[N]. 人民日报, 2016 - 01 - 19.

在我国体制转型的过程中，尽管有学者针对目前体制转型过程中存在的问题，提出了"市场制度最道德"，要用市场逻辑替代强盗逻辑，他的目的和靶向是要我们继续深化市场经济体制改革，真正建立与市场经济相适应的道德规范，但是他忽略了与市场经济相适应的道德规范需要来自外在的超越道德的保障，需要更高层次的道德的导航。没有高层次的超越的道德，共同富裕无法真正实现，社会主义市场经济的优越性也无法淋漓尽致地凸显出来。

第三章 市场经济运行中道德调节的维度之一：道德的时代性

社会存在决定社会意识，人们的思想观念归根到底是由经济因素决定的。市场经济的建立与运行必定有其内在的符合道德性的价值依据。市场经济必然产生了与市场经济相适应的道德维度，即等价交换、公平竞争、"我为人人，人人为我"之平等互利的时代道德观。法治意识、契约精神、守约观念是现代经济活动的重要意识规范，也是信用经济、法治经济的重要要求。我们要围绕市场经济时代道德观建立制度保障，即经济制度、政治制度和法律制度的保障，奠定社会主义市场经济的制度基石。

第一节 等价交换的市场经济道德

一、等价交换的含义与功能

等价交换作为价值规律的核心内容和内在要求，简单地说，就是商品按照价值量相等的原则进行交换。商品的价值量取决于生产商品的社会必要劳动时间，不同的生产者生产同一种商品的劳动消耗不同，个别劳动时间低于社会必要劳动时间的生产者就能获得额外利益，而个别劳动时间高于社会必要劳动时间的部分则得不到社会的承认和补偿。等价交换原则的实质是"一种形式的一定量的劳动同另一种形式的同量劳动相交换"。

等价交换是商品交换的整体性原则，而不是商品交换的个别性原则，它是对亿万次商品交换现象在总体上加以考察而做出的高度概括和抽象。马克思说："在商品交换中，等价物的交换只是平均来说才存在，不是存在于每个个别场合。"① 在商品交换的实际运作过程中，绝大多数具体的交换是价格偏离价值的，并不是等价的。商品在具体的实际交换中存在着"价格偏离价值量的可能性"，当一种商品在市场上供不应求的时候，它的价格会高于价值，反之，当一种商品在市场上供过于求的时候，它的价格会低于价值。商品的市场价格虽然多数情况下不会恰好等于价值，而是程度不同地偏离价值，但这种偏离是伴随供求关系的变化而围绕商品的价值这根轴线上下波动的，不可能长期地无限制地朝一个方向上偏离。马克思形象地说过，商品的"价值是一个重心，它们的价格围绕这个重心来运动，而且价格的不断涨落围绕这个重心来拉平"②。价格对价值的偏离和回归，只是价值实现程度的差异，从本质上讲，价格只是"商品价值量的指数"，是价值决定了价格。正是这个围绕价值上下波动的价格，是价值的实现形式。价值正是在商品的交换中以众多次的价格偏离这种形式才使自身得以实现的。

马克思在《资本论》中说："商品的价值量表现着一种必然的、商品形成过程内在的同社会劳动时间的关系；随着价值量转化为价格，这种必然的关系就表现为商品同在它之外存在的货币商品的交换比例；这种交换比例既可以表现商品的价值量，也可以表现比它大或小的量，在

---

① 马克思恩格斯选集：第三卷 [M]．北京：人民出版社，1995：304．
② 马克思恩格斯选集：第二卷 [M]．北京：人民出版社，1995：432．

一定条件下，商品就是按照这种较大或较小的量来让渡的；可见，价格和价值量之间的量的不一致的可能性，或者价格偏离价值量的可能性，已经包含在价格形式本身中；但这并不是这种形式的缺点，相反，却使这种形式成为这样一种生产方式的适当形式，在这种生产方式之下，规则只能作为没有规则性的盲目起作用的平均数规律来为自己开辟道路。"① 虽然商品在具体的实际的交换中存在着"价格偏离价值量的可能性"，但是这并没有在宏观上和总体上否定、违背等价交换原则，而是作为"平均数规律"的各个因子在实现着、执行着等价交换原则。不仅如此，而且正是因为受供求关系影响存在着"价格偏离价值量的可能性"，才使市场经济具有了它的优势和活力。假定说，价格在供求关系改变的情况下不发生波动，它"忠贞不渝"地体现着价值，不存在"偏离价值量的可能性"，那么市场经济的一切活力和优势就被窒息了。正是因为等价交换原则"只是平均来说才存在"，它要在受供求关系影响而导致的价格围绕价值上下波动这个动态过程中才能得到实现，所以市场经济才能必然地促使商品生产经营者分化，优胜劣汰，使那些条件优越的生产经营者得到较快的发展，淘汰那些条件较差的生产经营者；才能必然地促使市场主体展开竞争，激发起市场主体的开拓创新意识和能力，提高自身素质；才能必然地刺激商品生产经营者改进生产技术，加强经济核算和经营管理，提高经济效益；才能必然地刺激商品生产经营者增强市场意识、掌握市场信息，生产适销对路的产品，提高产品的质量，增加产品的花色品种……一句话，才能使市场经济发挥优化资源配置、提高生产效率的作用。由此可见，价格受供求关系影响而围绕价值上下波动这一价格机制，是市场机制的核心，是等价交换原则的总体实现形式。从这个意义上说，市场经济的进步作用和等价交换原则的社会贡献及其道德意义，价格机制应当全部分享。

---

① 马克思. 资本论：第三卷 [M]. 北京：人民出版社，1975：120.

二、等价交换是最基本的道德原则

市场经济通行的最基本法则是价值规律,离开了价值规律和等价交换原则,市场经济就无从谈起。而道德规范原则是社会经济关系和社会运行规律的反映,是对社会组织及其运作的基本方式与程序的观念的反映,是符合社会发展方向的价值取向。社会的经济生活和经济规律,从根本上决定人们的伦理关系和道德要求。市场经济就是奉行等价交换原则的经济。从最终的意义上讲,市场经济也必然会将等价交换原则提升、积淀为人们经济生活中最为基本的伦理规范和道德原则。等价交换原则必然会侵入和渗透到人们思想、意识、观念中去,并用以指导人们自身的行为,这是不以人们的意志为转移的。等价交换原则必然会成为一种新的"调整人们之间以及个人和社会之间的关系"的观念意识和行为规范。如果人们的观念和行为脱离了经济活动和物质生活所通行的等价交换原则,甚至与之相悖,那么他们在现实生活中就迟早会碰壁。

确认等价交换的伦理原则,对巩固、发展社会主义市场经济体制,促进我国的经济建设有着重要作用。

第一,奉行等价交换原则,能催生市场主体的利益意识、产权意识,使其成为真正的市场主体。等价交换原则的实行,是以利益、产权多元化为基础的。等价交换原则使企业意识到自己利益和产权的存在,清醒地认识到企业间利益、产权不可互相替代,不可随意调拨。等价交换原则是企业实现其利益、建设其产权的根本方式,在实行等价交换原则的过程中,企业利益才能得到实现,产权才得以巩固壮大。等价交换原则还促进企业自身各方面素质的建设,增强其商品意识、质量意识、竞争意识,使之成为自我约束、自我规范、自主经营、自负盈亏的商品生产者与经营者,使其成为真正的市场主体。企业间的行为也变得契约化，有助于建立良好的市场秩序，建立现代企业制度，推动经济的发展。

第二，确认等价交换的伦理原则，形成了人与人之间平等的社会关系，催生了社会公正与正义。实行等价交换，"他们彼此只是作为商品所有者发生关系，用等价物交换等价物"[①]，交换主体是权利平等的商品所有者，"作为交换的主体，他们的关系是平等的关系。在他们之间看不出任何的差别，更看不出对立，甚至连丝毫的差异也没有"[②]。对商品交换来说，占有别人的商品，只能是让渡自己的商品或服务，这种互相让渡、互相交换是通过利益妥协之协商进行的，而不能强迫对方成交，不能通过命令、抢夺、剥削、欺骗等手段。等价交换原则是互惠互利的，主体自主谋利的同时也为他人提供了商品或劳务，主体的购买和消费，也为他人的生存与发展创造了重要条件。因此，等价交换原则必然要求各社会主体发生经济联系时，要互换商品或劳务，交换双方既有义务又有权利，否定无理强取与掠夺，保护经济主体的基本权利与收益，从而建立了公正和正义，确保了各经济主体关系的平等性。商品的等价交换原则体现、蕴含、呼唤着平等、互利、人道、公正、正义，这些都是人们相互关系的新体现，也是人类道德发展的方向。等价交换的这种本性和特点改善着人们的社会关系，冲击着人的人身依附和政治依附关系，催生着以物的依赖性为基础的人的独立性。

第三，等价交换的伦理原则，促进人的完善，丰富人的精神世界。等价交换原则有利于人的主体性的形成，激发个体的自立自主、自尊自强的精神；有利于人克服卑懦不争的消极思想或特权剥削的腐朽观念，形成自由、平等、契约、尊严、责任、义务等观念，有利于人形成适应市场经济发展的竞争精神、创新精神、效率精神等。

---

① 马克思恩格斯全集：第二十三卷［M］. 北京：人民出版社，1972：199.
② 马克思恩格斯全集：第四十六卷（上）［M］. 北京：人民出版社，1979：193.

等价交换原则应该作为一条基础性的道德原则堂堂正正步入"建立在现实社会经济生活基础之上的"社会主义经济伦理规范体系之中，它的主要义理和基本精神应该被充分地吸收、接纳到实行市场经济的社会主义初级阶段的伦理原则和规范中去。需要注意的是，等价交换原则是商品经济交换过程中内在的本质的必然的商品经济关系，必然要求建立与社会主义商品经济发展相适应的上层建筑。这是社会主义现实的经济基础所决定的。但是政治生活领域出现的权钱交易等不良现象并不能笼统地被认为是商品交换原则进入政治生活领域，相反，这是违背商品等价交换原则的结果，而不是商品等价交换原则的产物。这是两个不同的概念，要加以区分，否则影响社会主义市场经济的充分发展以及全面深化改革。

三、等价交换的伦理地位

等价交换法则是商品交换的客观要求，是市场经济的基本法则。没有等价交换，就不会有市场经济的持续存在。只有等价交换，商品生产和商品交换才能正常进行，才能形成平等的竞争环境，使商品生产者在竞争中优胜劣汰，从而促进经济健康发展。承认等价交换，就意味着要承认各个市场主体在交换中的平等地位，就必然要否定特权，否定市场主体进行违背经济规律的强制和剥夺行为。这样的承认和否定，已经内在地包含有道德含义，恰恰是公正、平等道德要求的具体表现。公正、平等道德要求，与市场经济的等价交换法则在一定意义上是相契合的。因此，道德之义与经济之利，便有可能在市场经济中有机地统一起来。市场经济的内在机制，为道德运行造就了现实的土壤。

作为经济活动原则的等价交换贯穿于经济活动的生产活动、交换活动、分配活动、消费活动的各个环节，相应地，作为道德范畴的等价交换也渗透于生产、分配、交换、消费各环节上应有的道德原则之中。不仅交换活动及其道德的主要原则平等互利、公平公正、诚实守信之中渗透着等价交换范畴的意蕴,而且生产活动及其道德原则、分配活动及其道德原则、消费活动及其道德原则之中也都含有等价交换的因子。在生产环节,经济主体的独立与自主,即对各种等级特权和人身依附关系的摆脱,这本身是等价交换的前提条件和内在要求。经济活动中的公平竞争也是建立在等价交换的基础上,如果没有等价交换原则的实行,主体可以强买强卖,竞争也就无从谈起。在分配环节,按劳分配或者按生产要素分配,实质是劳动和生产要素使用的有偿性,是等价交换原则在分配活动中的具体运用和体现。等价交换的本义就是"一种形式的一定量劳动同另一种形式的同量劳动相交换"[①],它内含着按劳分配的原则。至于效率与公平,更是要以等价交换原则为基础和准则。在消费环节,发展优先和适度消费也离不开等价交换的运用。扶贫帮困原则似乎与等价交换范畴相冲突,然而等价交换范畴与最终达到共同富裕是相辅相成的。社会主义市场经济实行等价交换,鼓励公平竞争,承认优胜劣汰,是为了优化资源配置,实现社会化协作,提高经济运行效率,最终实现共同富裕,所以社会主义市场中的优势主体与暂处劣势的主体既是竞争对手,又是帮扶对象,更是合作伙伴。

等价交换范畴之所以是渗透到市场经济运行各个环节及其道德的主要原则,是因为交换是市场机制的逻辑起点。尽管作为完整的生产过程,在生产、交换、分配、消费这根链条上生产是起点,但是作为市场机制,交换是真正意义上的起点,正是因为交换,市场经济才与自然经济、产品经济有了质的区别。市场经济是商品经济,商品是为了交换而生产的劳动产品,用恩格斯的话讲就是进入交换的产品才是商品。交换,从其本性上讲,必须是等价的,从实际运作结果的总体平均意义上

[①] 马克思恩格斯选集:第三卷 [M]. 北京:人民出版社,1995:304.

讲，又总是等价的。所以，等价交换在市场经济运行的诸多原则中具有原生性，其他诸多原则或者作为等价交换原则的运用和体现，或者作为这种原则的孵化和派生，或者作为这种原则的条件和保障。等价交换作为道德范畴，在我国市场经济的道德规范体系中确实处于核心地位，起着统摄作用。

第二节 平等互利的市场经济道德

一、平等互利的前提：个体主体的生成

人不仅具有能动性，还具有受动性。主体的本质是在不断克服受动性的过程中实现能动性的，能动性始终是主体的本质。凡是一种合理的经济体制，必定能够最大限度地调动人的能动性。如果要充分调动人的能动性，就必然不能否认主体在经济体制中的地位。也只有确立了主体的地位，才能真正发挥主体的主观能动作用，实现人的全面发展。自然经济和计划经济条件下的主体是以整体的形式而存在，马克思指出："我们越往前追溯历史，个人，从而也是进行生产的个人，就越表现为不独立，从属于一个较大的整体。"[1] 这种整体，不是真实的集体，而是虚幻的集体，冒充的集体。集体"总是作为某种独立的东西而使自己与各个个人对立起来"[2]。传统计划经济体制的最大弊端，就是忽视了人的个体主体地位，使人丧失了能动性。市场经济是等价交换的经济，它使个人获得了独立性，促进了个体主体的生成，为个体主体的生成提供了社会舞台。没有市场经济，就不会有个体主体的生成。社会主义市场经济，就是要把主体性原则确定为经济体制的基本原则，从根本上确

---

[1] 马克思恩格斯全集：第四十六卷（上）[M]．北京：人民出版社，2003：21.
[2] 马克思恩格斯全集：第三卷 [M]．北京：人民出版社，2002：84.

立主体的地位。

我国从传统的计划经济体制向社会主义市场经济体制的转变，必然冲破传统计划经济体制中人的依附性，冲破虚幻的集体对个人的束缚，必将伴随着个体主体的生成与发展，使人成为独立自主的个体主体。个人的独立，个体主体的生成，为个人的全面发展创造了必要条件。真实的集体，不是对个体主体独立性的否定，而是对个体主体独立性的肯定。没有个体主体的生成，没有个人独立性的发展，就不可能有个人的全面发展。正如马克思指出，"每个人的自由发展是一切人的自由发展的条件"[①]。所以，个体主体的生成，是人的解放和道德进步的标志，有利于人的个体主体生成的就是道德的，否则就是不道德的。同时，个体主体的生成，又进一步推动了市场经济的发展，没有个体主体的确立，也不会有市场经济的发展，市场经济的完善程度与个体主体的完善程度是息息相关的。

个体主体的生成包含三方面，不仅仅包括个体主体的利益，还包括主体的权利和主体的责任，利益、权利、责任三位一体。

首先，个体的主体性体现为个体主体的利益。马克思说："人们奋斗所争取的一切，都同他们的利益有关。"[②] 邓小平同志说，"不重视物质利益，对少数分子可以，对广大群众不行，一段时间可以，长期不行。……不讲物质利益，那就是唯心论"[③]。主体利益主要是指物质利益，市场经济是通过人与物的关系来体现人与人的关系，市场交换实质上就是物质利益的交换，肯定物质利益是市场经济的基本前提。计划经济体制忽视劳动者的个体主体利益，只片面强调普遍利益、群体利益，抹杀了个体利益，其结果使普遍利益抽象化，普遍利益同个体利益相分

---

① 马克思恩格斯选集：第一卷[M].北京：人民出版社，1995：294.
② 马克思恩格斯全集：第一卷[M].北京：人民出版社，1995：82.
③ 邓小平文选：第二卷[M].北京：人民出版社，1983：146.

离，进而出现了所有者缺位的现象。社会主义市场经济体制，就是要承认个人利益的合理性，充分肯定主体的个人利益，真正实现劳动者对生产资料的占有关系，把普遍利益同个体利益紧密地结合起来，着力解决所有者的缺位问题。

建立在主体利益基础上的主体的权利表明了主体的独立和自由，有生存权、发展权、平等权等，主要体现为对财产的自主权，包括占有权和支配权等。参与市场经济行为的主体都是独立的财产主体，每一个人都只能支配属于自己的东西。这种权利只受主体自身利益的制约，不受其他外部力量的限制。主体对财产的自主权，是经济权利而非行政权力。各种不同的利益主体，要严格遵循市场运作的规则，不能把行政权力和经济权利混淆在一起，否则便是不道德的，不可能形成规范的市场经济，我们要尊重每个人的权利、价值和主体地位。社会主义市场经济，只有从根本上改变计划体制中经济权力和行政权力合一的状况，这才是道德的、进步的。

主体的权利作为一种自由，并非绝对任意的。它不仅受到主体自身利益的制约，还要受到法律、道德等各种规范的制约。主体在行使权利的同时，也应该意识到自己所应该承担的各种责任，包括经济责任、法律责任和道德责任。主体的权利表明主体对客体的占有和支配，主体责任表明主体对自身的约束和限制。权利和责任是对等的，没有权利的责任和没有责任的权利都不是完整的主体。主体的利益、权利与责任，这三者是密切相关的，共同体现了主体的地位。其中主体的利益是另外二者的前提和基础，但是主体的责任和权利又是主体利益的保障。所以，主体地位的确立和实现依赖于对主体利益的肯定以及对主体权利、责任的明确。

在我国，随着市场经济体制的改革，个人的主体意识逐渐增强，尤其是90后、00后的成长，给社会注入了新的活力，虽然他们有诸多被年长者看不惯的毛病，但不可否认的是，他们的自主意识、个性、独立性得到了充分的释放和张扬，他们身上的依附性少了很多，他们更意识到自己的主体性，他们更懂得自己需要什么，懂得自己的利益所在，懂得去维护自己的权利，他们推动了社会的整体向前发展，这是一大进步。尤其是互联网时代，随着微博、微信、社交媒体等平台的应用，民众个人的权利逐渐得到了落实，民众可以通过互联网平台伸张正义，进行舆论监督。互联网成为民意汇聚的重要平台、公众参与的崭新渠道，人们有了知情权、参与权、表达权、监督权。我们每个人都在逐渐地成为真正的价值主体。政府逐渐地把民众的权利和责任还给民众，如果我们独立自主地运用自己的理性对发生的事件进行评价和进行自己的选择，在独立自主承担自己责任的同时提出自己的价值诉求，我们每个人都按照善良的本性、真实的自我而生活，那么我们整个社会经济的良性发展就有了坚固的社会基础。

二、平等互利：人人为我，我为人人

个体主体的生成，首先体现为主体的利益，伴随着主体的权利与责任。主体必然要获取自己的利益，满足自己的需要。个体作为理性的生命体，生存的必要条件就是满足自己的需要。因为只有自己才知道自己需要什么和需要多少，也只有自己才能选择自己的生活方式，能更好地满足自己的需要。分工生产、等价交换的市场经济更有利于满足自己的需要。在社会化分工生产的市场经济生活中，每个人都通过设身处地、换位思考，设想他人需要什么，并尽力生产满足他人需要的商品，然后通过市场交换、自主选择，再从他人那里换回自己需要的商品，满足自己的需要。满足自己的需要是每一个个体生存的最终目的，满足他人需要是满足自己需要的必要手段。正如斯密所说："人是经常需要自己的亲近者的帮助的，但是如果一个人完全需要靠人家的恩惠来获得这种帮

第三章 市场经济运行中道德调节的维度之一:道德的时代性

助,那一定是靠不住的,与其如此,他不如去打动人家的利己主义,并向他人表明:为了他们自己的利益,应该做他所要求的事情,——这样他反而容易达到自己的目的。每个委托别人办事的人,正是这样向人提议的;把我所需要的东西给我,那么你也能得到你所需要的东西,——这便是诸如此类的提议的真意……我们获得饮食,绝不是依靠肉店、酒店和面包铺的老板的恩惠,而是由于他们维护自己的利益;我们并不要求他们大发慈悲,而是向他们的利己主义去声诉,所以我们永不向他们申说我们自己的需求,而只是讲他们的利益。"[①]

亚当·斯密正是根据经济人的利己行为,推导出经济人追求个人利益最大化,通过市场机制这只看不见的手的调节达到促进社会利益最大化的市场经济规律。当大家都以自利为目的进行生产和交换时,就形成了市场经济的社会化分工生产,形成了巨大的社会比较利益,促进了社会整体福利。亚当·斯密说:"由于每个人都努力把他的资本尽可能用来支持国内产业,都努力管理国内产业,使其生产物的价值能达到最高程度,他就必然竭力使社会的年收入尽量增大起来;确实,他通常既不打算促进公共的利益,又不知道自己在什么程度上促进那种利益;由于宁愿投资支持国内产业而不支持国外产业,他只是盘算他自己的安全,由于他管理产业的方式目的在于使其生产物的价值能达到最高程度,他所盘算的也只是他自己的利益;在这种场合,像在其他许多场合一样,他受着一只看不见的手的指导,去尽力达到一个并非他本意想要达到的目的;也并不因为事非出于本意,就对社会有害;他追求自己的利益,往往使他能比在真正出于本意的情况下更有效地促进社会的利益。"[②]马克思也说,在商品交换领域,买卖"双方都只顾自己;使他们连在一

[①] 卢森贝. 政治经济学史[M]. 北京:生活·读书·新知三联书店,1960:259.
[②] 亚当·斯密. 国民财富的性质和原因的研究[M]. 郭大力,王亚男,等译. 北京:商务印书馆,1974:27.

起并发生关系的唯一力量,是他们的利己心,是他们的特殊利益,是他们的私人利益;正因为人只顾自己,谁也不管别人,所以大家都是在事物的预定的和谐下,或者说,在全能的神的保佑下,完成着互惠互利、共同有益、全体有利的事业"①。

自己满足自己的需要称为自利,满足自己的需要是通过自主选择实现的,通过自主选择满足自己需要的行为称为"自主的自利行为""利己行为"或"自主权利"。个人为了满足自我的需要必然要先满足他人,个人满足他人需要的行为通常称为"利他",而他人也是一个"自主自利"的个人。因此,行为主体的"利他"行为的实质就是为了满足自己的"自主自利"的需要而去满足他人"自主自利"的需要。这就是市场经济中每个人的行为准则——自主权利准则,为己互利合作,为己互利交换。有的经济学家认为"市场制度最道德",市场经济制度给普通人带来最大的幸福,是人类创造的最道德、最公平的制度。通过让别人不幸福而使自己幸福,即用伤害别人的方式使自己得到好处,这是"强盗的逻辑"。通过让别人幸福使自己变得幸福,这是"市场的逻辑"。② 就是因为从某种程度上说,市场的规则就是人们为了实现自身利益的动机,必须先满足别人的需要;从这个层面上讲,市场本身确实是最讲道德的,它要求不能损害别人的利益,自己的利益的获取一定要建立在给他人创造价值、为社会创造财富的基础上。市场就是通过你给多少人带来幸福给予你回报,你给别人带来的价值越大,带来的欢乐和利益越多,你的利益就越大,赚的钱就越多,这就是市场的逻辑。我们姑且不论该观点正确与否,但是我们要承认的是,这一观点一针见血地指出了市场经济平等互利的本质,如果不是平等互利,而是损人利己,那么就不是真正的市场经济。

---

① 马克思. 资本论 [M]. 北京:人民出版社,1975:199.
② 张维迎. 市场制度最道德 [J]. 中国中小企业,2011 (10):68-71.

第三章 市场经济运行中道德调节的维度之一：道德的时代性

我们不能要求经济主体做单方面的无私奉献、让渡自己的利益与他人，也不能让经济主体只关心自己的付出所能得到的回报，还应当关心交换对方的付出也应得到的回报。经济主体必须把追求自身利益的愿望与交换另一方的利益结合起来，达到互利双赢。市场经济中的道德边界就是为了实现自己的自主权利而尊重他人或不损害他人的自主权利的行为，即"人人为我，我为人人"的经济道德，实现利己利人的统一。如果要求个人无条件为集体牺牲一切，甚至放弃合理正当的利益追求，这种无视个体权益的"集体主义"何来感召力，又何来"可持续发展"？"我为人人"在物质条件匮乏的历史阶段有其合理性，但是现今忽视个人正当利益追求，必然影响个人活力和创造力的发挥，最终影响经济社会的整体发展。这方面，我们的教训是深刻的。随着时代发展，"人人为我"的合理诉求也应逐步满足。[①] 但是只强调人人为我，漠视他人的需求而直接瞄准自己的个人利益的索取，也会事倍功半的，正如博弈论中的囚徒困境揭示给我们的：利益双方都以自己的最大利益为目标，结果是无法实现最大利益甚至较大利益，而最有效率的交易规则是建立在互利双赢的道德理性精神的基础上的。所以不仅强调人人为我，更要强调我为人人，我为人人是手段，人人为我是目的，最终实现目的与手段的统一，我与他的统一，自我利益与他人利益的统一。

人我关系，见仁见智，不妨"去掉一个最高分，去掉一个最低分"。大公无私是圣人，公而忘私是贤人，先公后私是善人，公私兼顾是常人；私字当头是小人，假公济私是痞人，以公肥私是坏人，徇私枉法是罪人。我们要提升常人，提倡善人，学习贤人，向往圣人；也要教育小人，揭露痞人，改造坏人，惩治罪人。鉴于日常的、多数的是常人，要做的"常事"，就是修身律己，平实做人；要说的"常理"，就是"我为

[①] 叶小文.望海楼札记[M].北京：中国人民大学出版社，2011：239.

人人、人人为我"①。"我为人人、人人为我"成为市场经济时代平等互利道德观的生动写照。

三、平等互利以诚信为基

市场经济是以等价交换为特征的经济形态，是一种契约经济。在以分工、合作为基础的市场经济社会中，市场主体之间通过各种合同、合约、协议等形式而相互联系实现利益的互换。市场经济条件下的经济关系从某种意义上说就是一种信用关系，这种信用关系赖以为生的基础便是诚信。如果没有诚信，不可能实现市场经济的平等互利。诚信就是诚实、诚恳待人，讲信用、取信于人，对他人给予信任。诚信以人们之间的相互信任为基础。在市场经济中讲诚信就是既要诚信待客，货真价实，又要恪守信义，履行合同。诺贝尔经济学奖得主布坎南曾强调，在市场中，我尊重与我交易之人的所有权，别人也尊重我的所有权；我不欺骗交易伙伴，我也不违反契约义务，我的交易伙伴的行为也同样。诚信内在地要求市场主体尊重相互之间的交易规则，承认他人与自己具有同等地位，拥有相同的权利，主要是对财产所有权的相互尊重；尊重他人的意志和决定，要信守契约及对交易伙伴的诚实不欺。否则，交换便无法进行。诚实守信作为市场经济秩序得以正常运行的社会心理和道德前提就成为各种市场主体之间建立信任、实现交往的基础之一。

市场经济所需要的诚信是普遍的社会信任，而不是自然经济中以血缘为主的亲情信任关系。在中国传统的自然经济社会中，家族主义是基本特点，主要是以血缘为主的群体生活。人们根据血缘关系的亲疏确定自己与他人情感的深厚、交往的原则，也就是"亲亲"的人际交往原则。所以，当时的信任观念也是一种自然的血缘亲情信任，血缘关系的

---

① 叶小文. 望海楼札记[M]. 北京：中国人民大学出版社，2011：240.

亲疏决定了人们彼此的信任程度。在血缘群体中，在熟人社会中，彼此之间有信任感；但是，当人们走出自己熟悉的血缘群体社会，与一般社会成员打交道的时候，往往就缺乏彼此信任，感到没有依靠。所以说，中国社会缺乏普遍的社会信任。市场经济的发展必然会导致传统血缘群体社会的解体，社会成员不得不走出熟人社会，以独立的个体主体身份进入生人社会，人们要用社会普遍信任观念替代血缘亲情信任。普遍社会信任是超越亲情人伦的、无等级差别的平等承诺和相互期待，它是普遍而开放的市场经济场所不可或缺的社会伦理条件。我们必须积极地从自然经济的血缘亲情的信任走向市场经济的普遍信任，以适应市场经济的发展与要求。

诚信是市场经济领域中基础性的行为规范，经济的繁荣与否取决于社会的信任度，诚信对市场经济的发展至关重要。首先，诚信可以降低交易成本，交易费用的高低很大程度上取决于社会信任程度的高低。在市场经济中，如果在交易主体之间，诚信成为个人或者企业不言而喻的信念，那么市场交易的成本就会大大降低，否则，交易成本就会增高。如果说，两个诚实守信的有道德的人可能在握手之间就完成了交易，那么两个自私的人则必须聘请律师起草合同并雇用会计师来检查交易与支付的情况，最后还有可能再请律师来打官司。由于信用不足而增加交易费用就是浪费。有了诚信道德的支撑，不仅对于个人、企业，而且在社会中各种交易行为就有了可靠的保障，经济纠纷就会减少，交易成本相应降低，资源配置日趋合理，市场运作就会更有效率。

其次，诚信是一种社会资本。企业信誉的好坏，已经成为生产经营的关键。有了信誉，才能吸引更多的客户，开拓和占领更多的市场，最终获得成功。社会成员之间的信任本身就是一种社会资本，福山认为："所谓社会资本，则是在社会或其不特定的群体之中，成员之间的信任普及程度……所谓信任，是在一个共同体中，成员对彼此常态、诚实、合作行为的期待，基础是共同体成员共同拥有的规范，以及个体隶属于那个共同体的角色。"①

最后，诚信维持着市场运行的良好秩序。市场经济是高度流转的经济，随着电子商业的兴起，大量的商品交换往往是在不同的利益主体之间、在时间和空间都分离的情况下进行的，消费者与销售商的交易时限不仅仅是通过当面的讨价还价来达到交易的目的，消费者可以足不出户便能购买到自己所需的产品，销售商亦无须多费口舌就能售出商品。货到付款、款到送货等商品交换更要求双方遵守诚信，靠交易双方的诚信来维持。商品交易中的分期付款，企业的借贷发展等，都以诚信为基础。诚信不仅维持着交换双方的合作，还成就着整个市场运行的良好秩序，从而保证市场运转的持续进行。作为高度复杂的交易方式的现代市场经济，是建立在高度发达的社会分工体系之上的经济制度，它要求交易双方以未实现的劳动价值为商业交换的依据，通过在时空上相对分离的契约交易方式尽可能地降低交易成本，实现社会经济的最佳运行。现代市场经济的资产流动、商品交易、证券交易等，都是建立在信用基础之上的。离开了一定的信用体系，就谈不上现代市场经济制度。总之，社会主义市场经济深入发展的当下，诚信越来越重要，离开了诚信，市场经济就无法运行。

2023年6月至7月，《小康》杂志社联合国家信息中心，并会同有关专家及机构，进行了"2023中国现代信用发展指数"调查。经过对调查结果进行加权处理，并参照国家有关部门的监测数据和大量社会信息，得出"2023中国现代信用发展指数"为69.5分，比上一年度提高了1.7分。其中企业信用一直都是公众关注的焦点之一，因为企业是市场的主体，也是维护社会信用的主体。最新调查结果显示，总体而言，

---

① 弗朗西斯·福山.信任——社会美德与繁荣的创造［M］.李宛蓉，译.呼和浩特：远方出版社，1998：35.

公众对中国企业的信用状况评价并不乐观，27.9%的受访者认为企业信用状况一般，31.4%的受访者认为不太好，7.5%的受访者认为非常不好。我国的市场经济发展还很不成熟，假冒伪劣和欺诈行为还经常存在。"2023 中国现代信用发展指数"调查还请受访者在 30 个行业中，投票选出"诚信形象不佳的十个行业"，调查结果显示，排名第一的是婚介交友，其次是保健行业，再次是家政服务，房屋买卖租赁中介、旅游业、食品行业、美容业、网上购物、职业培训、银行服务分列第四至十位。[①] 企业信用差是当前影响企业经营和国民经济健康运行的一个突出问题。一些企业还存在一些商业欺诈行为，如恶意的负债行为、盲目负债后逃债、证券市场违规行为、不守合同、制假售假、坑蒙拐骗、以次充好、虚假广告等，这是信用经济的大敌，是对信用经济的严重威胁。某些企业和个人坑蒙拐骗、损人利己，把企业的利润和个人的利益建立在他人的损失和痛苦之上，总幻想通过不法和不道德的手段暴富，致使国家的声誉遭到败坏，大众的生活受到了损失，人们彼此之间没有诚信可言，带来了极其恶劣的影响，造成了社会的诚信危机。经济领域的诚信缺失也会波及社会生活的方方面面，引发社会整体信任感比较低。有学者利用 2005 年和 2015 年中国综合社会调查（CGSS）数据，对比分析了中国居民人际信任水平和结构的变动情况。研究发现，在考察期内，中国居民的人际信任水平总体上略有下降，城镇居民的人际信任水平显著低于农村居民。中国社会的所谓"信任危机"更多是现代社会转型过程中一般信任水平的上升幅度不足以抵消特殊信任水平的下降幅度所导致的结果。[②]

信任不仅仅是单纯的道德问题，它关系着一个社会、一个国家的生

[①] 刘彦华. 2023 中国现代信用发展指数 69.5 最不靠谱行业：婚介与保健 [J]. 小康，2023（22）：38-40.

[②] 齐亚强，张子馨. 转型社会中的人际信任及其变迁 [J]. 社会学评论，2022，10（2）：124-144.

死存亡。一个国家必须取得民众对它的信任才可能长久存在。个人与个人之间和个人与社会之间也同样无信不立，个人没有信用，就不可能在社会上立足；社会没有信用，迟早会坍塌。诚信是处理个人与个人人际关系、个人与社会之间相互关系的基础性道德规范，信用已经成为稀缺的资源。解决这个问题，我们要提高诚信对于社会生活尤其是经济活动重要性的认识。诚信是现代市场的基本经济规律之一。信用体系是现代市场经济的基石。信用经济是高水平的经济发展的前提条件。美国经济学家福山在其名著《信任——社会美德与繁荣的创造》一书中，用大量的篇幅分析了信任对经济发展的重要性。在市场经济中，信誉是一种值得追求的具有市场价值的无形资产。社会资本的核心是人与人之间的信任，即社会成员对彼此诚实、合作行为的预期。如果一个社会的信任度比较低，那么这个社会的市场秩序就比较乱，经济增长也比较慢。当不讲信用的人损害他人利益的时候，他所受到的处罚要大于所带来的收益，让他意识到不诚信者不仅不经济，而且要付出沉重的代价；让他意识到，背信弃义必然身败名裂，以不诚信的方式、以损害他人利益的方式去牟取自己的利益，最终的结果只能是饮鸩止渴。由此得出在社会中做一个诚信者是最经济的道德选择。我们要让假冒伪劣和欺诈行为变成过街老鼠，人人喊打，我们要构建现代信用经济制度，营造一个诚信才能致富、欺诈必定破产的社会道德和舆论氛围。我们要唤醒人们道德自律的自觉性，从诚实守信的原则开始规范自己的市场交换行为，并在公平竞争、平等互利的交易理念下促使整个社会转型成一种诚实互信的良好环境。

第三节　共赢的竞争

一、竞争是市场经济对传统经济的超越

我国长期处于自给自足的自然经济状态，一直推行着重农抑商的国策，对竞争起着很大的抑制作用。小农经济只是为了满足个人和家庭的消费，而不是为了交换，他们也想不到去竞争；自然经济的小生产者的孤立、分散、保守、依赖性也使他们不愿意，也没有能力参与竞争。自然经济必然决定了与它相适应的宗法等级制度也遏制竞争的存在。我国2000多年的封建社会是一个以垄断为核心的宗法等级社会，封建君主为使江山传给自己的子孙后代，在政治上实行家天下。与政治上的宗法等级制度相适应，占统治地位的伦理文化观念只能是宗法等级观念，更注重超功利道德观，不可能给蕴含着平等为前提的竞争留有地位，排斥和否定竞争的合理性。

我国传统伦理文化一直认为，道德应具有绝对的超功利性。儒家孔子要求君子不争，做到"非礼勿视，非礼勿听，非礼勿言，非礼勿动"，老子、庄子和荀子也都不主张竞争，例如，荀子认为竞争必然导致混乱，而必须用礼义来规定一套等级制度，以实行垄断，防止竞争。他说："夫两贵之不能相事，两贱之不能相使，是天数也。势位齐，而欲恶同，物不能澹，则必争。争则必乱，乱则必穷。先王恶其乱也，故制礼义以分之，使有贫、富、贵、贱之等，足以相兼临者，是养天下之本也。"[①] 即使到了近代，竞争依然受到排斥，康有为认为今世之人"以为竞争则进，不争则退，此诚宜于乱世之说，而最妨碍于大同太平之道者也"，"太平之世，农、工、商一切处于公政府，绝无竞争，性根和平"[②]。梁启超早年曾对我国国民的这种否定竞争的伦理文化进行了省鉴和挞伐，他在《中国积弱溯源论》一文指出，中国积贫积弱，就是因为国民有根深蒂固的风俗，怯懦是其中之一。"中国民俗，有与欧西、日本相反者一事，即欧、日尚武，中国右文是也。此其根源，殆有由理想而生者。《中庸》曰：宽柔以教，不报无道，南方之强也。《孝经》

---

① 荀子[M]. 方勇，李波，译注. 北京：中华书局，2011：117.
② 康有为. 大同书[M]. 北京：中华书局，1959：237，270.

曰：身体发肤，受之父母，不敢毁伤。《孟子》曰：好勇斗狠，以危父母，不孝也。凡此诸论，在先圣昔贤，盖有为而言，所谓言非一端，各有所当者也。降及末流，误用斯言，浸成痼疾，以冒险为大戒，以柔弱为善人，至有'好铁不打钉，好仔不当兵'之谚。抑岂不闻孔子又有言曰：能执干戈以卫社稷，可无殇也。""中国数千年来误此见解，习非成是，并为一谈，使勇者日即于消磨，而怯者反有所借口，遇势力之强于己者，始而让之，继而畏之，终而媚之，弱者愈弱，强者愈强，奴隶之性日深一日，民权由兹而失，国权由兹而亡。"[①] 这些根深蒂固的风俗很难动摇长期在我国封建社会中处于统治地位的超功利道德观。超功利道德观只会把竞争视为一种恶，超功利道德观不可能接纳竞争，必然会排斥竞争。这种道德观鄙视正当的物质利益，以谈利为耻，以求利为恶，把社会的竞争精神窒息在冠冕堂皇的谎言之中。自给自足的自然经济的闭关自守的道德自足、封建宗法等级制度的遏制以及对儒道两家"无为而治""与世无争"观念的误读，致使竞争意识不能在人们的道德观念中占有一席之地。

中华人民共和国成立后，我国建立了社会主义制度，消灭了由剥削阶级垄断整个社会生活的旧制度，建立了高度集中的计划经济体制。但传统的计划经济体制依然排斥竞争的模式，在指导思想上不承认竞争，认为竞争造成贫富分化，并且常常把竞争与资本主义相联系。在计划经济体制下，企业的生产指标由国家统一下达，原材料由国家统一调拨，产品由国家统一包销，企业赢利不得利，亏损不失利。企业在这种背景下，根本就没有竞争活力。

随着改革开放和市场经济体制的确立，竞争登上社会主义的大雅之堂。正如恩格斯所指出的那样："竞争是经济学家的主要范畴，是他最

[①] 汤志钧. 中国近代思想家文库梁启超卷[M]. 北京：中国人民大学出版社，2014：90.

宠爱的女儿，他始终安抚着她。"[①] 中国逐步走上市场竞争的发展道路。改革的实质就是引入竞争机制，开放的实质就是参与国际竞争。市场经济就是一种竞争型经济。市场经济的竞争是指商品经济条件下各商品生产经营者为取得产销的有利条件、获得更大的经济利益、确立自己在市场中的优势地位而在价格、品种、质量、性能、服务和销售等方面展开经济利益的斗争。竞争机制是市场机制的重要组成部分，是价格机制和供求机制有效发挥作用的必要条件。市场竞争的优胜劣汰机制，能使市场经济始终保持生机和活力。市场经济的竞争会出现人们为着各自的不同利益而进行相互较量、择出高低优劣的社会现象。奠基在社会经济基础之上的道德，必然随着一定的经济利益关系的产生而产生、变化而变化。市场经济体制的建立，让人们冲破了传统观念的束缚，建立了竞争机制。伴随着社会化大生产的市场经济进程，竞争具有了普遍性和自觉性，人们对竞争产生了认同。没有竞争的旧体制，人们端的是终身制的铁饭碗，吃的是平均主义大锅饭，极易诱发人们的惰性，而竞争的普遍性和自觉性使社会主义充满活力和朝气，经济繁荣，四季常青。

竞争是商品条件下道德关系的一种表现形式，体现的是人与人之间的道德关系，是对传统的伦理观念的一种超越，是一种进步。竞争本身是道德的，竞争可以作为道德评价的尺度，还可以对竞争自身产生的后果进行道德评价。竞争双方的地位是否平等、竞争机会是否均等、竞争的动机和手段是否恰当、是否符合社会发展等，不仅具有道德意义，而且可以作为一种道德尺度来显示人们在处理人际关系时的思想倾向和态度。

[①] 马克思恩格斯全集：第一卷[M]. 北京：人民出版社，1995：611.

二、竞争的道德价值

竞争体现了市场经济对自然经济和计划经济的超越,竞争有其自身的道德价值,主要体现在以下几方面。

第一,竞争促进社会资源的优化配置,促进生产力的发展。市场经济之所以能够优化资源配置,提高整个社会的生产效率,正是通过竞争机制得以实现。竞争是价值规律的执行者,是市场经济的灵魂。"只有通过竞争的波动从而通过商品价格的波动,商品生产的价值规律才能得到贯彻,社会必要劳动时间决定商品价值这一点才能成为现实。"[①] 离开了竞争,价值规律就无以施展,就无用武之地。市场经济正是通过竞争机制,使经济活动遵循价值规律的要求,适应供求关系的变化,把资源配置到最有效的地方去,实行优胜劣汰,从而实现经济的高效率,促进社会整体生产力的提高。市场经济之所以存在并且成为现代社会唯一可行的经济发展模式,是因为市场经济可以创造最有效的竞争条件,竞争使市场经济成为迄今为止人类社会历史上最有效率的经济制度。马克思和恩格斯曾经客观地描述过自由竞争的资本主义市场经济对发展新科技、促进生产力的作用:"资产阶级在它的不到一百年的统治中所创造的生产力,比过去一切时代创造的全部生产力还要多,还要大。自然力的征服,机器的采用,化学在工业和农业中的应用,轮船的行驶,铁路的通行,电报的使用,整个大陆的开垦,河川的通航,仿佛用法术从地下呼唤出来的大量人口,——过去哪一个世纪料想到在社会劳动里蕴藏有这样的生产力呢?"[②] 我们国家实行改革开放,引入市场机制、竞争机制后,社会发生了巨大变化,企业也爆发出了巨大的动力,以最少的

[①] 马克思恩格斯全集:第二十一卷 [M]. 北京:人民出版社,1965:215.
[②] 马克思恩格斯选集:第一卷 [M]. 北京:人民出版社,1995:277.

劳动消耗取得最大的经济效益,是市场经济条件下经济活动的普遍追求。任何企业,只有将自己的个别劳动消耗量保持在社会必要劳动消耗水平之下,才有利可图,也才能在生产和经营中处于优势地位。这就迫使企业千方百计地提高劳动生产率,降低成本,更新设备和技术,加强和改进劳动管理,提高产品质量,以便在市场的激烈竞争中处于优势。竞争促进生产力的发展。竞争促进生产力的同时,也促进了劳动者素质的提高。企业为求得自身的生存和发展,不得不有意识、有目的地参与优胜劣汰的竞争,提高劳动者的科学技术素养、文化知识、管理水平和道德素质。

第二,竞争促发人的开拓创新精神,使社会有了生机与活力。竞争源自人们相互关系发展的需要,人在社会中生活,必然要产生个人与他人、个人与社会的关系,总要通过各种方式不断地发展和完善人们之间的相互关系。不同的利益主体和利益集团,就存在相互关系发展中交织着利害冲突的双方为着各自的利益而通过较量来取胜,保存和发展自己。企业之间的竞争,也是为了各自的物质利益而进行的较量。经济竞争既是谋取自身正当利益的行为,又是解决利益矛盾的机制。通过正常的竞争,优胜者的利益和价值得到承认和肯定,显示出自身利益的不一致性。如果一个企业没有较强的竞争能力,就会破产、倒闭而遭淘汰。竞争迫使能者上、庸者下,进则胜、败则退,形成一种优胜劣汰的发展趋势和良性的激励机制。这些生存攸关的竞争能力,虽然使人感到压力,但能够激发人们的积极性、开拓性,培植人的进取精神和创新精神。竞争有利于人们"创欲"的释放,竞争的目的是求生存和求发展,在激烈的竞争中,如果没有创新、没有开拓,就不可能生存下去。创新成了竞争不可缺少的因素,它既是竞争的客观要求,又是竞争活动的结果。创新意味着不断革新,不断有新主意、新花样、新产品、新技术;开拓意味着必须抛弃一切陈旧的传统习惯,不怕承担风险,要敢闯,要相信"办法永远多于困难"。竞争带来的开拓创新精神和人们"创欲"的释放，使中国社会主义市场经济赢得了生机和活力，具有十分显著的道德价值。

第三，竞争促进人的自主意识和独立人格的形成。自主意识就是个人对自己的行为和思想有独立的判断、评价、选择和控制的能力，而不是依附于或受动于其他外来条件或外部因素。在缺少竞争的自然经济条件下，由于等级、名分、特权、宗法关系对人们意志和行为的禁锢，也由于土地所有制关系对人的束缚，因而只能造就被动性、依附性甚至奴性人格。在缺少竞争的高度集权的计划经济体制下，个人不是自主自立的主体，不是自由的社会人，而是被束缚在某一单位的单位人，是一台机器上的一个螺丝钉，相应地只能产生服从型、顺应型人格。这种强制的人际关系极大地限制了人们的眼界，束缚了人们才能的发挥，也扼杀了人们的主体性、主动性和积极性。竞争性体制打破了这种局面，竞争的前提是承认人们都是利益主体，竞争中实行优胜劣汰原则的一个重要原因，就是人们有选择的自由。人的奋斗目标、行动决策、价值判断等，都少不了人的自主意识和人的独立人格的支撑，每个人只有对自己的行为有充分的自主自决权，才能参与竞争。人与人的交往联系是根据竞争的需要自主决定、自由流动。竞争促使人的自主意识和人格独立意识的形成、发展，促进人的主体作用的发挥，自发地调节和推动人们主体机能的发挥，促进个性的丰富与发展。

我国改革开放后，首先在经济领域引入竞争机制，后来在社会生活的各方面有序展开，比如，在科技、教育、卫生、文化等领域也都引入了竞争激励机制。劳动人事制度已逐步改变了以往僵化的、死板的衙门式的管理方法，普遍推行合同制、聘用制，人才正在由过去的单位人变成社会人。总之，竞争已经触动了我国管理体制各方面，并为之带来了经济效率的提高、人的精神面貌的改变，为社会注入了活力。

三、竞争与双赢

竞争为经营者带来动力和压力,通过无情的优胜劣汰,使社会资源得到合理配置,使社会经济充满活力。但是由于竞争的残酷性,许多竞争者为了不被淘汰,采取不正当的手段,如欺骗、排挤、贿赂等,损害他人利益、牟取暴利。可以说,不正当的竞争行为是市场竞争的伴生物。只要有竞争,就有可能出现不正当的竞争行为。竞争中的不正当行为是指在市场竞争活动中,采取虚假、欺骗、贿赂等手段牟取利益,损害国家、其他竞争者和消费者的利益,扰乱正常市场竞争秩序的行为。在竞争中如果不能正确地将自己的利益与他人的利益以及社会的根本利益和长远利益统一起来,就无法正确地理解竞争的利益基础,就会违背道德对竞争行为的要求。例如,有的企业为了使自己的商品的销售量增加,不惜在同行之间自相残杀——拼命压低商品价格以挤垮竞争对手,就是违背道德的。

2017年11月新修订的《中华人民共和国反不正当竞争法》,根据不正当竞争行为的方式和手段,将不正当的竞争行为归纳为7种类型。一是混淆行为。假借和冒充其他经营者或其商品的名称、商标、质量和产地标志等,以使人混淆、产生误解。二是商业贿赂行为。经营者采用财物或者其他手段进行贿赂以谋取交易机会或者竞争优势。三是虚假宣传行为。经营者利用广告或者组织虚假交易等其他方式,对商品的性能、功能、质量、销售状况、用户评价、曾获荣誉等做虚假或引人误解的宣传,欺骗、误导消费者。四是侵犯商业秘密行为。经营者通过不正当手段,违法获取、披露、使用或者允许他人使用权利人的商业秘密。五是不当奖售行为。经营者进行不法的不正当的有奖销售行为。六是诋毁商誉行为。经营者捏造、散布虚假信息或者误导性信息,损害竞争对手的商业信誉和商品声誉。七是网络不正当竞争行为。经营者利用技术手段，通过影响用户选择或者其他方式妨碍、破坏其他经营者合法提供的网络产品或者服务正常运行。

目前，我国市场经济发展还不完善，不道德的竞争行为也依然存在。不道德、不正当的竞争行为是对市场规律要求的背离和对市场经济规则的违背，破坏了市场的有序运行，对行业的发展没有任何好处，妨碍了正当竞争所具有的引导生产和消费作用的发挥，削弱甚至窒息市场经济竞争机制应有的活力，从而阻碍技术进步和社会生产力的发展。不道德的竞争行为损害诚实经营者的合法权益，损害广大消费者的合法权益。同时，不道德的竞争行为也败坏了我国的国际商誉，影响我国商品的国际竞争。最重要的是不正当的竞争行为能够使一些人获得不义之财，对正当经营者来说是严重的打击，使他们转而追逐不义之财，这种恶性循环败坏了社会风气，使社会的整体道德水平不断下降。

竞争中不正当行为的出现，表现出在当今"竞争型道德"还未成为竞争者自我约束的行为规范。我国的社会主义市场经济起步的时间较晚，与之相适应的道德规范还不完善，对许多竞争中出现的伦理问题还未能形成统一的认识，故而也无法形成社会共同认可的道德规范；竞争者的道德水平不高，没有自觉遵守竞争道德的意识和习惯；社会对竞争中出现的不道德行为没有及时地揭露和谴责，或因为涉及某些人的利益不敢、不便于揭露和斥责，违反道德要求的竞争者不仅没有得到"道德法庭"的严厉审判，反而能够牟取巨大利益甚至骗取荣誉，致使人们对道德的功能及存在的意义产生怀疑，对遵守道德失去信心。

所以，我们要转变观念，重新认识竞争。竞争并不是你死我活、非此即彼的经济斗争，击败对方并不是竞争的目的，以对方的失败和牺牲换来自己的发展，这不是真正的竞争，这也并不光荣，双赢的竞争才是真正的竞争。竞争是动力，是压力，是为了自我的更新和发展，并不是置对方于死地,并不是通过削弱对方来取得自己的优势。在生物链上,猫和老鼠是天敌,但是猫如果把老鼠都吃光了,那么猫最终也会不存在,只要是好猫,都会保护种鼠。给他人存在的空间就是给自己的发展留下空间,要实现自我与他人的双赢,才是新时代真正高尚有道德的人。即使在激烈如战场的商业竞争中,企业之间往往也并不是你死我活的关系。市场经济是竞争经济,也是合作经济。在市场经济条件下企业的运作,竞争与合作是不可分割地联系在一起的。在近年经济理论研究中,国内外学者提出了竞争合作的概念,试图说明企业内部以及企业之间不仅存在竞争关系,而且存在合作关系,在现代经济条件下,只有倡导竞合精神,企业才能求得最佳的生存与发展,才能在市场中争取得到最大的市场份额或利益。在当今社会,企业变革的一个重要方面,就是组织之间通过团结合作,合理创造价值的方法来产生变化;公司开发和运用新的合作经营方式,来协助企业取得前所未有的获利能力与竞争能力。这就是所谓的双赢模式,从传统销售关系中的非赢即输、针锋相对的关系,改变成更具有合作性、共同为谋求更大利益而努力的关系。按照这种双赢模式,不仅公司与客户之间可以建立伙伴关系,实现双赢,而且,相互竞争的各公司之间,也可以改变传统的你死我活的竞争观,在双赢理念支配下共同开发广大的市场,实现利益共享。我们必须转变观念,改变传统的损人利己的竞争观为利己利人的双赢竞争观,从低层次的竞争向高层次的竞争转化,这样市场经济才可能日趋成熟。

第四节 市场经济道德的制度保障

一、社会主义市场经济体制完善是道德的经济保障

我们在第二章中已经论述过市场经济与道德的统一性,时代道德生

成于市场经济的运行机制之中。离开了特定的市场机制,就不会有特定的市场道德。市场机制如果没有区别于以往的经济运行机制的特殊要求,就不会催生出具有新特点的市场道德。市场机制的建立为市场道德的产生提供了现实的土壤,而且市场机制的完善为市场道德的运行创造了良好的条件和机遇。市场机制越完善,市场经济对于市场道德要求性或依赖性就越强,市场道德实现的可能性就越大。恩格斯曾经指出:"资本主义生产愈发展,它就愈不能采用作为它早期阶段的特征的那些琐细的哄骗和欺诈的手段。……的确,这些狡猾手腕在大市场上已经不合算了,那里时间就是金钱,那里商业道德必然发展到一定的水平,其所以如此,纯粹是为了节约时间和劳动。"[①] 根据恩格斯的分析,在资本主义条件下,哄骗和欺诈等违背市场道德的行为,往往发生于市场经济初期,即不成熟、不发达、不完善的时期。随着市场经济机制的完善,市场道德也变得强大,作用越来越明显,违背市场道德的行为开始减少,因为市场机制的完善,让人们觉得违背市场道德是不合算的。因此,市场机制自身的不断完善,在客观上明显有助于市场道德的真正实现,是实现市场道德的经济保障。

改革开放以来,我国确立了以经济建设为中心,体制机制开始发生根本性的变化,逐步从计划经济向社会主义市场经济转变。从1992年开始,在社会主义市场经济理论的指导下,我国经济获得了举世瞩目的持续高增长奇迹。我国只用了短短几十年的时间达到了发达国家曾经用了几百年的时间所达到的经济发展规模和水平。但是,我们也必须承认,我国在取得巨大经济成就的同时,经济仍然存在各方面的问题,有些问题甚至还比较严重,经济结构性体制性矛盾突出,发展不平衡、不协调、不可持续,传统发展模式难以为继,一些深层次体制机制问题和利益固化藩篱日益显现,还未形成稳定的良性运行机制,不像西方工业

---

① 马克思恩格斯全集:第二十二卷[M].北京:人民出版社,1965:311-312.

发达国家有几百年的市场管理经验,我们还需要不断完善中国特色社会主义市场经济制度和体制。

我国处于社会主义初级阶段,市场经济中还存在不道德的经济行为,如坑蒙拐骗、权力经济、贿赂经济、短期经济、地方保护主义等现象时有发生,他们通过不道德的经济行为获取私利却不会遭到惩罚,或者遭到的惩罚所造成的利益损失还不足以抵消通过不道德行为所获得的不正当利益。社会生活中的一些不文明的道德现象与社会经济领域中种种不良的经济机制长久存在并滋生蔓延有密切关系。市场经济中的交易主体本应是自由而平等的,通过价格机制有效地配置资源,不存在信息不对称,但是交易规则一旦不透明、不公正,就会破坏市场运行规律。例如,拥有权力的部分人搞所谓的寻租活动,权力者利用手中的权力干预经济过程以中饱私囊,企业在权力者的协助下获得不义之财。失去约束的腐败官员的不道德的官商勾结行为侵犯了经济人的自主权利,不健全的市场交易规则和政治制度为一些不道德的官员提供了贪污腐败的机会,这主要起因于生产要素市场的不完善、财政收支制度的不透明以及各级政府干部任命制度的监督缺失等。要素市场的不完善表现为一些稀缺资源被权力者所垄断,从而形成权力者涉租、寻租、官商勾结的腐败现象。例如,土地产权和一些稀缺资源的经营权的生产垄断和交易过程的权力介入使得房地产用地和矿产用地的审批制度和交易制度成为产生腐败现象的重灾区。其腐败原因的经济学解释就是本该归全民或国家所有的巨额级差地租,却因制度不健全未能全部上缴财政,其中或多或少地被支配土地审批权的官员和土地使用者通过官商勾结所侵吞。这就是损人利己的"强盗逻辑",把自己的幸福建立在他人不幸福的基础上,自己的利益的获取来自他人利益的损失。

很明显,这已经破坏了市场经济活动中的起点公平,企业不用通过公平竞争就轻易获得非法利润,这不是真正的市场机制。利用人情、权力发展经济本质上是计划经济一统天下局面的延续。在计划经济体制下,行政命令操纵一切经济行为,官员行使权力的时候很少有经济意识,行政决策取代市场导向,这违背了市场经济机制的要求。市场经济下,人们所崇尚的是交易起点的平等与交易市场上等价交换的规则,任何人或者集团试图通过行政的方式由他人或是他方支付经济成本,而自己得到收益,则是对市场经济机制的严重违反。如果没有自由的竞争,都靠政府进行垄断,那么这根本不是市场经济的规则,根本没有按照市场经济的运行规律进行经济活动。很多人认为市场经济中不道德的违法行为,是中国市场经济体制改革的结果,恰恰相反,它是市场化尚未完成的表现。也有人认为现行的强势政府主导资源配置和社会活动有助于集中力量办大事,实现国内生产总值(GDP)的高速增长,认为这是中国特色所在。但这也必须在市场在资源配置中起决定性作用的基础上再发挥政府的作用。我们必须进一步深化市场经济体制改革,只有通过健全市场机制制度,完善市场的平等交易规则来进行治理,才有可能从一个行政命令控制的计划经济转变为一个真正自由平等交换的市场经济,而非通过传统的政治说教来进行治理。

社会主义市场经济体制从建立到发展完善,历经几十年的改革探索。随着市场经济的发展和市场经济机制的健全,投机取巧的机遇愈来愈少,违背市场道德的行为能够带来私利的可能性越来越少,从事不道德的经济行为是不划算的,这样市场道德就更有可能被经济人所接受,市场道德就会在现实中日益普遍化。市场经济是高度理性化的经济,市场行为是出自经济人的理性的行为。在市场经济中,机遇与风险并存,必须目光远大而不是鼠目寸光,必须深谋远虑而不是只热衷于获利于一时的短期行为。市场经济的内在机制,决定了经济人相互之间交换其活动成果的过程应该是一个互利的过程,即交换的任何一方都不希望或不至于通过交换来使自己的状况变坏。在经济人的相互交换中,没有一方会容忍交换的双方的欺诈行为,对长期利益的期望会逐渐使经济人认识到诚实守信的重要性。经济人在长期的经济活动中养成精明理性的性格,与坑蒙拐骗等短期行为不相容,最终会对这一类不道德的行为表现出否定态度。健康有序的社会主义市场经济体制环境能够塑造出具有文明道德素养的人。人是环境的产物,文明道德的公民是公正的经济机制模式培育出来的。因此,市场道德的成熟离不开市场机制的日趋完善,我国要进一步深化市场经济体制改革,充分发挥市场在资源配置中的决定性作用,建设高标准市场体系,为社会主义市场经济相适应的道德构建做好经济制度方面的保障。

党的十八大以来,以习近平同志为核心的党中央充分发挥经济体制改革的牵引作用,把坚持和完善社会主义市场经济体制摆在全面深化改革重要位置。"改革是经济发展的强大动力,改革只有进行时,没有完成时,必须敢于啃硬骨头、闯难关、涉险滩,坚决扫除经济发展的体制机制障碍。我们把处理好政府和市场关系作为经济体制改革的关键,健全市场机制破除垄断,发挥价格机制作用,增强市场主体活力,发挥政府在宏观调控、公共服务、市场监管、社会管理、环境保护中的作用,增强国有经济活力、控制力、影响力,激发非公有制经济活力和创造力,构建亲清新型政商关系,激发企业家精神,为经济发展注入了强大动力。"[①] 习近平总书记强调,"要正确认识和把握资本的特性和行为规律。社会主义市场经济是一个伟大创造,社会主义市场经济中必然会有各种形态的资本,要发挥资本作为生产要素的积极作用,同时有效控制其消极作用。要为资本设置'红绿灯',依法加强对资本的有效监管,防止资本野蛮生长。要支持和引导资本规范健康发展,坚持和完善社会主义基本经济制度,毫不动摇巩固和发展公有制经济,毫不动摇鼓励、

---

① 习近平.习近平著作选读[M].北京:人民出版社,2023:64.

支持、引导非公有制经济发展"①。只有坚持和完善社会主义市场经济体制，才能推动市场经济优势同社会主义制度优越性更好结合起来，进一步解放和发展社会生产力。

2021年，《中华人民共和国国民经济和社会发展第十四个五年规划和2035年远景目标纲要》（以下简称国家"十四五"规划）第六篇指出，"全面深化改革　构建高水平社会主义市场经济体制"。坚持和完善社会主义基本经济制度，充分发挥市场在资源配置中的决定性作用，更好发挥政府作用，推动有效市场和有为政府更好结合。第一，要激发各类市场主体活力。毫不动摇巩固和发展公有制经济，毫不动摇鼓励、支持、引导非公有制经济发展，培育更有活力、创造力和竞争力的市场主体。加快国有经济布局优化和结构调整、推动国有企业完善中国特色现代企业制度、健全管资本为主的国有资产监管体制、优化民营企业发展环境、促进民营企业高质量发展。第二，建设高标准市场体系。实施高标准市场体系建设行动，健全市场体系基础制度，坚持平等准入、公正监管、开放有序、诚信守法，形成高效规范、公平竞争的国内统一市场。全面完善产权制度、推进要素市场化配置改革、强化竞争政策基础地位、健全社会信用体系。第三，建立现代财税金融体制。更好发挥财政在国家治理中的基础和重要支柱作用，增强金融服务实体经济能力，健全符合高质量发展要求的财税金融制度。加快建立现代财政制度、完善现代税收制度、深化金融供给侧结构性改革。第四，提升政府经济治理能力。加快转变政府职能，建设职责明确、依法行政的政府治理体系，创新和完善宏观调控，提高政府治理效能。完善宏观经济治理、构建一流营商环境、推进监管能力现代化。②

---

① 中央经济工作会议在北京举行习近平李克强作重要讲话栗战书汪洋王沪宁赵乐际韩正出席会议［N］. 人民日报，2021-12-11.
② 中华人民共和国国民经济和社会发展第十四个五年规划和2035年远景目标纲要［N］. 人民日报，2021-03-13.

2022年10月，习近平总书记在党的二十大报告中明确提出"构建高水平社会主义市场经济体制"。坚持和完善社会主义基本经济制度，毫不动摇巩固和发展公有制经济，毫不动摇鼓励、支持、引导非公有制经济发展，充分发挥市场在资源配置中的决定性作用，更好发挥政府作用。……构建全国统一大市场，深化要素市场化改革，建设高标准市场体系。完善产权保护、市场准入、公平竞争、社会信用等市场经济基础制度，优化营商环境。……加强反垄断和反不正当竞争，破除地方保护和行政性垄断，依法规范和引导资本健康发展。[①]

以上这些都明确了构建高水平社会主义市场经济体制，坚持和完善社会主义基本经济制度的核心要点。只有把这些核心要点作为根本遵循，才能真正建立与社会主义市场经济相适应的时代道德，社会主义市场经济才能可持续健康发展。

二、社会主义民主政治建设是道德的政治保障

第一，社会主义市场经济必然要求与之相匹配的社会主义民主政治。民主政治是市场经济的必然结果。市场经济的基本规律是价值规律，而价值规律要求在商品交换中实行等价交换原则。每个商品生产经营者成为独立的经济实体，都有明确的财产所有权或控制权，过去依赖政府的企业成为自主经营、自负盈亏、自我发展、自我约束的经济组织。市场经济的公平竞争以及利益主体的多元化决定了市场经济的开放性，必然会打破计划经济中人为的分割和封锁，消除变相的人身依附关系。为了实现经济利益的最大化，他们必须自主决策处理经济活动，在

[①] 习近平. 高举中国特色社会主义伟大旗帜　为全面建设社会主义现代化国家而团结奋斗——在中国共产党第二十次全国代表大会上的报告[J]. 中华人民共和国国务院公报，2022（30）：4-27.

不同经济主体的交往和合作中获得自由发展的机遇，会强化平等、自由的意识和观念，需要以民主的方式来表达诉求和进行利益整合，要求增加政治生活的透明度和公开性，享有监督的权利。

第二，社会主义民主政治是市场经济的政治保障。没有社会主义民主政治，社会主义经济制度就不能得到根本保障。一方面，民主政治保障市场经济公正、平等地实现。政治的民主化，既是对个体平等政治权利的肯定，也是对个体平等地位政治上的确认。经济中的民主，把各个市场主体摆在平等的地位，反对和否定有经济特权的市场主体。有特权的市场主体，只会把自己摆在高于其他市场主体的地位。有这样的市场主体参与的市场行为，就不可能是公平的。如果在政治上，官僚主义、家长制、个人崇拜及特权、个人依附等现象滋生，则会制约社会主义民主政治的发展。政治不透明、政务不公开，会导致公共权力的非公共运用，造成滋生腐败的适宜土壤。如果任其泛滥，对社会主义市场经济的健康成长会带来严重危害，甚至销蚀经济体制改革已经取得的成果。这类现象的根源不在市场经济内部，而在于政治体制中的不合理因素。仅仅靠市场机制本身自行运转是不够的，需要政治制度的配合和支撑；如果没有民主政治制度的支撑，拥有权力者出于私欲让其权力过多介入经济领域，市场经济自由平等的交换秩序就会遭到破坏，市场秩序出现混乱，会造成"丛林法则"支配市场。对经济特权和政治特权否定的政治民主才能为市场经济中生产、交换等方面的平等创造社会条件，保障市场主体的公平和平等，保障市场道德的真正实现。另一方面，政治民主给竞争提供良好的市场环境。经济主体只有在地位上是平等的，才可能实现公平的竞争，才可能充分发挥市场经济应有的效率。在中国共产党的领导下，通过政治协商、民意调查、群众监督等多种民主途径，让人民群众了解国家政治生活，并参与国家管理，扩大群众参政议政的渠道，使国家的重大决策，尤其是直接涉及群众、基层利益的重大决策让人民群众知道，都能在群众直接参与的情况下制定，实现决策的民主化和科学化。这样可以防止少数人对于关键信息的不合理垄断，增强了宏观决策的科学性、合理性和权威性，保证市场竞争的公平性。

第三，社会主义市场道德也只有在民主的氛围中才能形成和发展。社会主义市场经济需要市场道德的调控，市场道德是参与市场经济的各个市场主体所应当遵循的道德要求，最终要通过各个市场主体的意志行为而自觉地表现出来。市场道德行为是具有平等地位的各个市场主体的共同意志行为。如果不能实现政治生活的民主化，以长官意志干涉各个市场主体的意志，那么，市场道德行为便会成为被迫做出的行为，市场主体的自由意志不复存在，市场道德也就名不副实了。只有实行政治的民主化，才能为社会主义市场道德提供政治保障，与社会主义市场经济相适应的道德也只有在社会主义民主的氛围中才能形成和发展。

如果经济体制改革要进一步深化，市场经济要走向完善，要真正建立与社会主义市场经济相适应的道德，就必须克服来自政治领域中的种种障碍，必须稳步推进政治体制改革。邓小平曾经强调，"我们提出改革时，就包括政治体制改革。现在经济体制改革每前进一步，都深深感到政治体制改革的必要性。不改革政治体制，就不能保障经济体制改革的成果，不能使经济体制改革继续前进，就会阻碍生产力的发展，阻碍四个现代化的实现"[①]。

党的十八大以来，以习近平同志为核心的党中央在全面深化改革进程中，积极稳妥推进政治体制改革，以保证人民当家作主为根本，以增强党和国家活力、调动人民积极性为目标，不断建设社会主义政治文明。我们始终坚持中国特色社会主义政治发展道路，不断深化政治体制改革，发展社会主义民主政治，党和国家领导体制日益完善，全面依法治国深入推进，中国特色社会主义法律体系日益健全，人民当家作主的

---

① 邓小平文选：第三卷[M].北京：人民出版社，1993：176.

制度保障和法治保障更加有力，人权事业全面发展，爱国统一战线更加巩固，人民依法享有和行使民主权利的内容更加丰富、渠道更加便捷、形式更加多样，掌握着自己命运的中国人民焕发出前所未有的积极性、主动性、创造性，在改革开放和社会主义现代化建设中展现出气吞山河的强大力量。[①] 我们一直认为，我们的民主法治建设同扩大人民民主和经济社会发展的要求还不完全适应，社会主义民主政治的体制、机制、程序、规范以及具体运行上还存在不完善的地方，在保障人民民主权利、发挥人民创造精神方面也还存在一些不足，必须继续加以完善。[②] 总之，我们要不断推进社会主义民主政治制度化、规范化、程序化，更好发挥中国特色社会主义政治制度的优越性，为党和国家兴旺发达、长治久安提供更加完善的制度保障。

一是深化党和国家机构改革，推进国家治理体系和治理能力现代化。习近平总书记强调，深化党和国家机构改革，是贯彻落实党的二十大精神的重要举措，是推进国家治理体系和治理能力现代化的集中部署。继续推进党和国家机构改革，目的是推动党对社会主义现代化建设的领导在机构设置上更加科学、在职能配置上更加优化、在体制机制上更加完善、在运行管理上更加高效。党和国家机构改革是一项复杂系统工程，不可能一蹴而就，也不会一劳永逸，需要根据新的使命任务、新的战略安排、新的工作需要，不断调整优化党和国家机构职能体系，使之更好适应党和国家事业发展需要。[③]

二是完善党和国家监督体系。"十四五"规划指出，健全党统一领导、全面覆盖、权威高效的监督体系，形成决策科学、执行坚决、监督

---

① 习近平. 在庆祝改革开放40周年大会上的讲话 [N]. 人民日报，2018-12-19 (2).
② 习近平. 习近平谈治国理政：第一卷 [M]. 北京：外文出版社，2014：289.
③ 习近平. 深化党和国家机构改革推进国家治理体系和治理能力现代化 [J]. 求是，2023 (14)：1.

有力的权力运行机制。落实全面从严治党主体责任、监督责任，强化政治监督，深化政治巡视并强化整改落实。推进纪律监督、监察监督、派驻监督、巡视监督统筹衔接，以党内监督为主导、推动各类监督贯通协调，形成常态长效的监督合力，使监督体系更好融入国家治理体系。深化纪检监察体制改革，加强上级纪委监委对下级纪委监委的领导，推进纪检监察工作规范化、法治化，发挥监督保障执行、促进完善发展作用。完善权力配置和运行制约机制，健全分事行权、分岗设权、分级授权、定期轮岗制度，完善党务、政务、司法和各领域办事公开制度，健全发现问题、纠正偏差、精准问责有效机制，构建全覆盖的责任制度和监督制度。坚持无禁区、全覆盖、零容忍，一体推进不敢腐、不能腐、不想腐，营造风清气正的良好政治生态和发展环境。深化反腐败国际合作。锲而不舍落实中央八项规定精神，完善作风建设长效机制，持续纠治形式主义、官僚主义，切实防止享乐主义、奢靡之风反弹回潮，坚决整治群众身边的腐败和不正之风。[1]

三、社会主义法治体系建设是道德的法律保障

市场经济道德需要法治保驾护航，具有一体性。在市场经济中，理性经济人的假设，本质上设定了自利行为的合理性。经济人的自利行为是基本的市场行为。没有自利行为，当然就不可能有市场经济的存在与发展，也就不会有许多经济学家说的通过经济人的自利追求而实现的社会公利。但是，在市场经济条件下，经济人的自利动机由于受到诸多市场因素的强化而可能过度膨胀，当个人的利益追求过于膨胀的时候，他可能抛却内心信念，可能冲破道德约束，昧着自己良心去作恶多端、利

---

[1] 中华人民共和国国民经济和社会发展第十四个五年规划和2035年远景目标纲要[N]. 人民日报，2021-03-13.

欲熏心，走向损人利己、不顾社会公利的方向。竞争的激烈程度和优胜劣汰的结局，可能诱使一些经济人为了立于不败之地，不惜践踏市场道德准则，以不正当的非法手段牟取竞争的胜利。这些情况，都有可能使本应道德化的市场经济蜕变为不道德的市场经济，都有可能使市场经济的合道德性化为乌有。

　　对于利用非法手段获取最大利益的人，如果仅凭道德制裁，是难以改变其不道德行为倾向的，因为利益的驱使已让他们无视任何道德上的谴责。只有运用法治的威力，打击惩处那些单纯的道德机制已经无法约束的不道德行为，才能够稳住道德的阵脚。道德作为一种软约束，其作用的发挥仅凭其自身难以保障，当市场经济中的道德约束可能陷入疲软之时，就必须寻求外在更有力的法律保障，必须运用法治来加强道德的约束力，必须利用法治的强大威力，来维护市场经济的合道德性。法治是市场主体公平竞争的保障。市场主体有效参与竞争和创新需要一个公平的竞争环境。竞争能带来繁荣，有法治保障的竞争才能带来持续的繁荣。

　　法律与道德在内容上有一致性，具有一些相同或相似的基本原则。法律之硬，主要不是运用精神机制而是通过物质作用表现出来的。违背法律，践踏法制的人，会受到法治的物质性惩罚，即被剥夺某种物质性利益。因此即使是缺乏道德的内心信念、良心阙如的人，也不得不畏惧法律的惩罚。凡是法律所禁止的行为，必然是道德所谴责的行为；凡是法制所保障和鼓励的行为，也往往是道德所赞同、所提倡的行为。市场经济道德与法律应该具有一致性。市场游戏规则，既是市场法律规范，也是市场经济道德规范。能够自律的经济人就是自觉遵守平等互利的市场经济道德的人。法律要对道德进行保障，才有助于道德的发展。如果法律无助于道德的发展，那么法律存在的必要性就会受到质疑。法律的不健全导致了社会扬恶抑善的道德败坏风气，而这与法律的初衷相悖。

因此法治建设应该与道德的扬善抑恶保持一致，否则法律就失去了存在的价值。我们进行普法教育，从某种程度上说，就是道德教育。法律是道德的后盾、道德的底线，给道德保驾护航，法律只是针对不能自觉履行市场经济平等互利道德的人而言的。只有法治经济才能确保与市场经济相适应的道德不会被虚化。

总之，要发挥好法律的规范作用，必须以法治体现道德理念、强化法律对道德建设的促进作用。法律是道德的保障，可以通过强制性规范人们行为、惩罚违法行为来引领道德风尚。要注意把一些基本道德规范转化为法律规范，使法律法规更多体现道德理念和人文关怀，通过法律的强制力来强化道德作用、确保道德底线，推动全社会道德素质提升。① 国家和社会治理需要法律和道德共同发挥作用。既重视发挥法律的规范作用，又重视发挥道德的教化作用。以法治体现道德理念、强化法律对道德建设的促进作用，以道德滋养法治精神、强化道德对法治文化的支撑作用，实现法律和道德相辅相成、法治和德治相得益彰。

最后，充分发挥法治建设对构建高水平社会主义市场经济体制的保障作用。社会主义市场经济本质上是法治经济。法治是现代市场经济的重要特征。市场经济条件下，要素依据价格信号变化和供求关系调整，实现自由流动和有效配置。这个过程有赖于交易规则、竞争规则等法律规则的不断完善和严格执行。成熟的市场经济体制与健全的法治相呼应，市场经济发展到哪里，法治就需要跟进到哪里；市场机制发育的深度决定法治跟进的程度。如果市场交易没有法律约束和保护，就会走向混乱无序，"看不见的手"就会失灵。法律不配套、不健全以及有法不依、执法不严，市场经济就建立不起来。改革开放以来，我们党加快完善社会主义市场经济法律制度，以法治思维和法治方式领导经济建设、进行经济治理、保障经济发展，建立起一系列法律制度，不断将社会主

---

① 习近平. 习近平谈治国理政：第二卷［M］. 北京：外文出版社，2017：117.

义市场机制与法治体系深度融合，不断促进生产关系和生产力、上层建筑和经济基础相适应，推动经济发展在法治轨道上运行。

使市场在资源配置中起决定性作用和更好地发挥政府作用，必须以保护产权、维护契约、统一市场、平等交换、公平竞争、有效监管为基本导向，完善社会主义市场经济法律制度。健全以公平为核心原则的产权保护制度，加强对各种所有制经济组织和自然人财产权的保护，清理有违公平的法律法规条款。创新适应公有制多种实现形式的产权保护制度，加强对国有、集体资产所有权、经营权和各类企业法人财产权的保护。国家保护企业以法人财产权依法自主经营、自负盈亏，企业有权拒绝任何组织和个人无法律依据的要求。加强企业社会责任立法。完善激励创新的产权制度、知识产权保护制度和促进科技成果转化的体制机制。加强市场法律制度建设，编纂民法典，制定和完善发展规划、投资管理、土地管理、能源和矿产资源、农业、财政税收、金融等方面法律法规，促进商品和要素自由流动、公平交易、平等使用。依法加强和改善宏观调控、市场监管，反对垄断，促进合理竞争，维护公平竞争的市场秩序。加强军民融合深度发展法治保障。[①]

市场经济的运行需要道德进行调节，我们需要建立与市场经济相适应的时代道德，但是时代道德观念的建立不仅需要我们进一步深化经济体制改革，深化政治体制改革，还要有相应的法律体系配套，是全方位的建立过程。时代的经济道德需要经济、政治和法律的全方位保障才有可能，否则时代道德的建立就会化为乌有。

---

① 中共中央关于全面推进依法治国若干重大问题的决定［N］. 人民日报，2014 - 10 - 29.

第四章　市场经济运行中道德调节的维度之二：道德的超越性

市场经济不仅需要与市场经济相适应的道德进行调节，更需要超越道德对其进行调节，弥补市场经济的缺陷与弊端。共产主义道德、中华优秀传统文化中蕴含的伦理思想都有积极因素，对于我们发展市场经济以及推动我国市场经济伦理道德建设，有重要的启发和借鉴意义。

第一节　道德的超越性

一、道德的超越性之体现

如第二章所述，市场经济有其自身体制的弊端与伦理的局限性，市场经济需要道德超越性的一面给予它补充。市场经济的运行和发展追求个人利益最大化，按照马克思的观点，"流通流域确实是天赋人权的真正乐园；那里占统治地位的只是自由、平等、所有权和边沁"[①]。自由、平等、所有权以承认"边沁"——个人的利益合法性和正当性为前提，

[①] 马克思恩格斯全集：第二十三卷[M]. 北京：人民出版社，1972：199.

市场经济运行中道德调节的两个维度研究——道德的时代性和道德的超越性

市场经济追逐个人利益最大化无可厚非，是市场经济的本质所在，是市场经济保持活力的源泉。但人们追求利益一旦过了边界，就会干出很多违背道德和法律的事情。"如果有10%的利润，资本就会保证到处被使用；有20%的利润，资本就能活跃起来；有50%的利润，资本就会铤而走险；为了100%的利润，资本就敢践踏一切人间法律；有300%以上的利润，资本就敢犯任何罪行，甚至去冒绞首的危险。"[1] 市场经济追逐利益资本的最大化会让人的欲望膨胀，欲壑难填。叔本华曾把欲望比喻为一个永远饥馋、永不饱和的胃。所谓"贪得无厌"，所谓"人心不足蛇吞象"，正是欲望的本质：无尽的贪婪。[2] 市场经济的确需要超越道德对追求个人利益永不饱和的行为进行制衡，让其适度地平衡乃至达到超越的境界。

首先，道德的超越性体现为人格道德，关乎做人的资格问题。人格道德不是经济利益关系中的利人或互利的经济行为，而是在经济利益之外关于做人资格的道德；它不是指经济行为应当，而是指人的品德或人格修养方面的行为应当。这种人格道德超越了任何时代，只要是人，在任何时代都要具备这种人格的品质。人格道德使人超越了动物，是人与兽区别的重要标志，是人所特有的，是人的本性所需要的。孔子把道德视为人兽区别的分水岭，"仁者，人也"[3]，仁作为一种品德，是人的本质，只有人才具备这一品德，动物不具备这种道德属性。孔子说："今之孝者，是谓能养，至于犬马，皆能有养，不敬，何以别乎？"[4] 人与犬马禽兽都能赡养其父母，如果人对父母不怀有道德之敬意，与禽兽有

---

[1] 马克思恩格斯全集：第十七卷[M]. 北京：人民出版社，1963：258.。
[2] 万俊人. 道德之维——现代经济伦理导论[M]. 广州：广东人民出版社，2011：207.
[3] 论语·大学·中庸[M]. 陈晓芬，徐儒宗，译注. 北京：中华书局，2011：324.
[4] 论语·大学·中庸[M]. 陈晓芬，徐儒宗，译注. 北京：中华书局，2011：18.

第四章 市场经济运行中道德调节的维度之二：道德的超越性

何区别？君子之所以成为君子，就在于其重义贵仁，以仁义为本："君子去仁，恶乎成名？君子无终食之间违仁，造次必于是，颠沛必于是。"① 荀子也认为人有知有义才最为天下贵，人有道德，才使人区别于动物并成为万灵之物。孟子明确地指出，人对道德的需要是基于人的本性的需要，"人之有是四端也，犹其有四体也"。孟子说的"四端"即恻隐之心、羞恶之心、辞让之心、是非之心，人若无这四端，便不配称其为人，"无恻隐之心，非人也；无羞恶之心，非人也；无辞让之心，非人也；无是非之心，非人也"②。西方经济学家亚当·斯密在《道德情操论》中写道："无论人们会认为某人怎样自私，这个人的天赋中总是明显地存在着这样一些本性，这些本性使他关心别人的命运，把别人的幸福看作自己的事情，虽然他除了看到他人幸福而感到高兴以外，一无所得。这种本性就是怜悯或同情，就是当我们看到别人幸福或逼真地想象到他人的不幸遭遇时所产生的感情。"③ 斯密所说的"同情心"就是爱人之心，这种爱人之心是出于个人天赋中的本性。无论是孔子、荀子、孟子还是斯密，他们所说的无非是人要有善良之心、爱人如己之心、仁义之心、恻隐之心、自爱与同情心等，这种以良心或善良意志为理念的道德付诸实践就是一个人像关爱自己那样去关爱他人、善待他人、尊重他人的行为，而在特殊的灾难境遇中，像关爱自己的生命那样去关爱他人的生命，这是一个人的人格行为担当，即人格道德，无关经济利益。这是人之为人的本质规定，是世世代代传承下来的做人的道理，是判断一个人是否由生物意义上转化为社会意义上的人的重要标志。对那些严重失德的人，我们会谴责他们："还算是人吗？"人格道德是做人的基本准则，人若不讲道德，就不配做人，就丧失了做人的资

---

① 论语·大学·中庸 [M]. 陈晓芬，徐儒宗，译注. 北京：中华书局，2011：41.
② 孟子 [M]. 方勇，李波，译注. 北京：中华书局，2010：59.
③ 亚当·斯密. 道德情操论 [M]. 蒋自强，等译. 北京：商务印书馆，1997：5.

格。这是中国特有的"以人为本"的文化，彰显出中华优秀传统文化突出强调人的自觉的道德主体意识特征。

然而，现今随着市场经济的发展，一些人为了追逐金钱和利益，甚至丧失人格。以道德评判而言，这些生产经营者已经良心尽失；一些年轻人的亲情观、友情观、爱情观被金钱扭曲，一切向"钱"看，失去了做人的基本道德素养，比如，孝顺、真诚、诚信等。如果一个人心中只有金钱，不孝敬父母，那他就如同孔子所说的，连犬马禽兽都不如，因为他已经丧失了做人的资格，不是真正意义上的人。我们不能为了发展市场经济，为了利益的最大化，把人性当中最基本的规定性都泯灭了，人不能为了物质而物质，甘愿当物质的奴隶，而成为异化的人。没有基本的人格道德，社会就会上演人与人之间、社会群体与群体之间的"战争"。所以，发展市场经济与人格道德的健全并不矛盾，只是我们有时无形中割裂了二者的关系，这是因为我们为了利益丧失了我们内心深处最良善的本质，让我们的"真我"休眠。我们要在发展市场经济、发展生产力、追求绩效的同时，传承传统文化中关于人格道德方面的精髓，注重对人的基本的人格道德的培养和生命观的教育，绝不能顾此失彼，捡了西瓜，丢了芝麻，最后酿成祸害，得不偿失。

其次，道德的超越性具体体现为对个人私有利益的超越，典型表现为共产主义道德。马克思说："资本来到世间，从头到脚，每个毛孔都滴着血和肮脏的东西。"[①] 马克思就是针对资本主义市场经济私有制的弊病提出建立共产主义社会，共产主义社会追求"共产"，个人没有私有财产，消灭私有制，用"共产"来解决私有制的弊病，那么共产主义社会的道德规范必然体现为全心全意为人民服务，坚持集体主义原则。资本主义社会必将被共产主义社会取代，所以共产主义道德规范是对市场经济平等交换的时代道德的超越，是市场经济时代道德进化的方向。

---

① 马克思. 资本论 [M]. 北京：人民出版社，1972：829.

人们不再注重个人的私有利益和对物质的私人占有，不再注重对物质的所有权，而是注重对物质的使用权，强调创造更多的价值，全心全意为人民服务，这是一种先进的道德，展现了人的创造而不占有的高尚品格，是人向作为社会的人（合乎人的本性的人）的自身的复归，是我们进行人格修养的目标。

最后，道德的超越性体现为基于人生终极关怀目的而产生的道德。宽泛地讲，人生终极关怀是有关生命意义最终的安顿以及人生最高理想的建立。因关涉人生终极关怀的信仰对象一般都具有超自然性、超现世性、彼岸性，所以基于人生终极关怀的道德自然也就具有超越性，超越了现世的世俗物质利益，摆脱了狭隘的个人功利性。当人有了终极关怀，他才会把现世的物质利益只是看作人生的必要条件，而不是人生的目的和意义。苏格拉底说，人既然生活在世，就难免考虑自己的"人身或财产"，但人"首先并且主要地要注意到心灵的最大限度的改善"[①]。人类之所以强调宗教信仰的超越性，乃是为了在自己的种种创造性活动中实现自然存在的人向作为应然的人的转变，作为处于日常生活状态中的人向作为处于理想状态中的人的转变，作为现存的人向作为未来的人的转变，归根结底，宗教信仰的超越性是人的一种自我超越、自我提升、自我实现和自我转变。[②] 这种道德有利于人把自己理想的一面充分地实现出来，把自己身上的神性部分充分展现出来，这是一种超越自然本能的对生命的意义和价值的追求。基于人生终极关怀的道德的超越性就在于人的存在的不断提升，人的存在的不断向前。人的一生正是在这种生命的不断超越中显现出自身的自由本性和强力意志。人生终极关怀的信仰在人类道德伦理的构建中有一种无可置换的功能。因为唯有它才

[①] 北京大学哲学系外国哲学史教研室. 古希腊罗马哲学 [M]. 北京：商务印书馆，1982：148-149.
[②] 段德智. 宗教学 [M]. 北京：人民出版社，2010：195.

能够在现存自我与理想自我之间酿造出无法弥补的反差和张力，无限逼近，永远不到，这样人就能获得足够的精神活力而趋近目标。因此，从某种程度上说，人生终极关怀的信仰给人格道德的培养提供了可以借鉴的精神资源。

"道德是人类的本质需要和价值期待，是人作为社会存在物和历史主体超越个人狭隘性和个人感性经验、功利局限性，从而圣化世事、完善人性、提升人之境界、落实人生终极价值的文化表现。"[①] 这里道德意指超越道德，超越了功利的局限性。无论是历史积淀传承下来的人格道德、共产主义道德还是基于人生终极关怀的道德无一不具有超越性，都超越了市场经济追求个人物质利益的局限性，人为了做自己精神的主人，必须超越自己的物质性，实现对世俗生活的历史穿越。尽管超越道德与世俗物质利益有着本质的区别，但是正因为有差异，才有彼此互补的可能性。我们更应该看到超越道德与市场经济的互补性，让超越道德对世俗生活进行批判、反思和理性建构，从而建立相应的制度，远离庸俗和堕落，这样才能达到物质与精神的双赢、增长与发展的双赢、富裕与幸福的双赢，最终实现人的自由全面发展。

总之，道德的超越性即超越道德以道德与经济的异质为前提，突出强调了人对世俗物质生活的超越，无论是人格道德、共产主义道德，还是基于人生终极关怀的道德都是关于人如何活、活成什么、应该达到一种什么样的状态等主题，体现了人是在不断地生成过程中，体现了人的超越性。没有超越，人生就没有内容和意义，人在世界上的生活、活动和表演将仅是一些无谓的喧哗和骚动。为了丰富人生的内容和内涵，每个人都不愿意止步不前，都在竭尽全力地追求卓越。即使是在所谓的不可超越面前，人也依然高扬自身的超越精神，知其不可为而为之，表现

---

① 袁贵仁，吴向东. 道德建设：对市场经济的适应和超越［J］. 哲学研究，1997(6)：19-24.

出对命运的抗争。这就是人真正的超越本性。

二、超越道德以信仰为担保——道德的信仰化

无论是人格道德、共产主义道德还是基于人生终极关怀的道德无一不是以信仰为依托和担保。《辞海》对信仰的解释为,对某种宗教或某种主义极度信服和尊重,并以之为行动的准则。信仰不仅仅指宗教信仰,还有非宗教的信仰,如对某种社会理想、政治信念、主义、人生哲理的信奉和遵行。信仰为人们提供了一定的宇宙观、社会观、人生观、价值观,人们可以得到明确的生存背景、生活准则和生活目的。信仰所指示的生命归宿是人生的最高目的、最高价值和最高理想,信仰所标定的价值尺度是人的行为准则。

道德之所以以信仰为担保,就是因为信仰具有超越性,它是人们对某种超现实的事物的盲信,如果是现实的事物,就不能称为信了。凡信仰都是对长远的、恒定的、无限的目标的追寻,超越了眼前的、可变的、有限的功利,让人不再沉溺于自然的生存和世俗的社会生活,不单单是为了现实的物欲而活着。共产主义信仰和基于人生终极关怀的信仰都超越了有限的功利,超越了现实世俗的社会生活。它们具有非现实性,是指向未来的理想,这一理想可能是未来社会或个体奋斗的目标,它具有实现的可能性,也可能是终极性的价值预设,它只可无限接近而绝无可能真实达到或完全对象化。正是认同这一未来的理想、永恒的价值和终极意义的存在,人们才把有限的生命投到无限的价值追求之中,并在这一个过程中实现自我人格的提升,让人的肉体存在与精神存在合一。同时,信仰也具有神圣性,神圣性才能使信仰观念变成信仰者毋庸置疑的、坚忍不拔的信念与不屈不挠的实践。信仰的超越性和神圣性是信仰作为道德担保的基础。

信仰的超越性和神圣性使得信仰作为人类的最高意识形态,有统摄其他意识形态的能力,可以给道德理论以根据和指导,可以赋予道德以意义和神圣性,使道德获得自律的本性,使道德实践者成为真正的道德主体。"道德之所以看护和固守其应然性,道德之所以谋求神圣化的信仰依托",就在于信仰能够在形而上学层面"赋予道德以精神本体","信仰还以神圣的权威为道德提供终极的关怀",信仰设定道德的原则、理想及其规范,设定道德评价标准,为个人的道德修养和社会道德教育提供精神动力和目的。道德和信仰实际上是一体的存在,道德本身就是信仰的活动。只有出于道德信念、出自内心自愿的行为才是真正的道德善,否则,都是外在强制性的他律。

道德之所以以信仰为担保,还是因为道德自身的性质。道德只给人们提供一种价值判断标准,人们的行为是否符合某种道德,并不能由道德本身来加以保证。道德不像法律可以依靠国家机器的暴力和人际监督而得以维系,道德不能诉诸国家机器的暴力而得以维系,只能依靠个人自身养成的道德境界,道德实施的唯一保证是人们的"良知"对道德规范的自觉认同,也就是人的内心信念,信仰的力量。信仰对于道德的维系至关重要,是道德的担保,道德在人类的精神生活中靠依附于一定的信仰体系而存在和施行。

所以说,道德的信仰化是道德存在的特殊形式,真正的道德总是被信仰着的。"道德的目的就是在人与自然、人与社会、人与人之间寻找出合理性的关系与规范,给变幻莫测的人生寻找终极的生活意义;这一目的能否实现或实现的程度如何,一方面取决于道德合理性建构中的理性原则,没有理性化的道德是荒谬的乃至是残忍的,绝不可能建立起既合乎人类,又合乎自然的道德,道德也就不成其为道德;另一方面取决于道德信仰的状况。对道德的理性化建构只是道德的基础,道德能否发生效力还必须以人们对它的信仰为前提。脱离信仰的道德形同虚设,信

第四章　市场经济运行中道德调节的维度之二：道德的超越性

仰薄弱的道德只能大打折扣，永远调动不起人们的道德热情。只有具备对道德的坚定信仰，才能坚定不移地履行道德。"[1] 道德必须以信仰为前提，信仰之于道德就如暴力之于法律，没有暴力作为后盾，法律就会失效，同样，没有信仰做担保，道德便会失效。[2] 道德行为中的担保和信任仅仅从伦理学中是不能获得的，而只有通过信仰对道德的论证才能获得。如宗教信仰、坚定的人生哲学信仰、政治信仰都能为道德行为担保。在漫长的历史过程中，道德作为自身的神圣化、权威化而自觉地趋向于信仰。道德的信仰化和神圣化是道德发挥社会作用和功能的必由之路，道德的归宿必是信仰，一定是以信仰为担保，信仰是促使道德有效的重要因素。如果缺少了信仰，人类的大厦将失去一根重要的精神支柱，真正的道德都将无法建立。

人类信仰活动在人类精神生活领域中占据核心地位。信仰作为人的精神性本质的最集中体现，给人以特殊的荣誉感、自豪感、成就感和幸福感。道德的信仰化，激发人们不断地完善社会和完善自我，让人们惩恶扬善，形成社会经济发展中的一种精神动力。有信仰并效忠于信仰的人，就会坚持信仰至上的理想、原则、伦理观念，约束自己的行为，并对违背道德规范的人们进行抵制与抗争，这种抵制与抗争极大增强了社会的约束和监督机制。"由没有信仰的成员所组成的社会，是一个没有希望的社会，社会的成员如果没有信仰，社会将变得无序，社会制衡也就无从谈起。不管是宗教信仰还是非宗教信仰，信仰都是对一种既定的理想、原则、伦理观念的效忠，对有信仰者本人是约束，对其他人是监督，对社会是制衡。这就是信仰在社会经济运行中的作用的概括。"[3]

---

[1] 任建东. 信仰理性道德 [J]. 唐都学刊，2000（1）：9-12.
[2] 罗秉祥，万俊人. 宗教与道德之关系 [M]. 北京：清华大学出版社，2003：188.
[3] 厉以宁. 超越市场与超越政府——论道德力量在经济中的作用 [M]. 北京：经济科学出版社，1999：206.

可见，信仰对于道德是否有效、对于整个社会经济的运行是否健康起着决定性的作用。

然而，改革开放至今，一些人的理想信念出了问题，一些腐朽落后的思想文化沉渣泛起，拜金主义、享乐主义、极端个人主义有所增长，部分社会成员思想道德失范，有些人的世界观、人生观、价值观发生扭曲，信仰的动摇是危险的动摇，信念的迷茫是最大的迷茫。[1] 我们的当务之急就是要重塑我们的信仰，支撑市场经济的发展。

三、超越道德对市场经济的调节

超越道德对于经济的可持续发展和生产力水平的提高具有积极的作用和意义，超越道德与市场经济的发展并不是对立的，它可以在市场经济的运行中起着很强的调节作用，对市场经济的可持续、健康发展不可或缺。超越道德对市场经济的调节主要表现为两方面：首先，超越道德塑造商人的人格品质，通过对生产者和商人的经济态度和经济行为的影响来实现调节；其次，生产者和商人人格道德的完善和健全，可以在经济活动中转化为一种经济道德，形成社会资本和经济资本，产生经济价值。

第一，超越道德以信仰为支撑塑造生产者和商人的道德品质，从而影响他们的经济态度和经济行为。从反面来讲，超越道德可以对经济活动中的恶行和恶念起制衡和约束作用。超越道德以信仰为支撑，例如，佛教讲因果轮回、诸恶莫作、诸善奉行，佛教的这种超越的道德会让人们不敢作恶，否则会遭到报应，它会让持佛教信仰者努力地按照佛教伦理道德去行事做人，并且时刻规避在经济活动中出现的一些邪念，如损人利己、坑蒙拐骗、把他人之物抢占为己有等想法，超越道德会对经济

---

[1] 叶小文. 无畏与敬畏 [N]. 人民日报（海外版），2011-05-02.

活动中出现的恶念和恶行起着约束和制衡作用。从正面来讲，以信仰为支撑的超越道德对生产者和商人的美德具有塑造功能，诚实、公正、守信等美德在经济生活中至关重要。韦伯在《新教伦理与资本主义精神》中强调了新教伦理派生出资本主义道德精神，对生产者和商人的道德品质的塑造起了至关重要的作用，正因为新教信仰，资本主义的生产者和商人拥有了诚实、守信、职业、节俭、守时等伦理美德；而贝拉在《德川宗教：现代日本的文化渊源》中也特别指出了德川宗教信仰对日本生产者和商人品德的塑造功能。可见，以信仰为核心的超越的伦理道德虽然不能直接渗透到生产力各要素中去发挥作用，但它可以影响劳动者，决定劳动者以什么样的姿态投入生产过程，以何种精神状态使得死的生产力变成社会劳动生产力。它可以影响生产关系的存在方式，从而影响生产力内部要素之间的联系方式及其作用程度。如人不能作为真正的或完美意义上的人而存在，甚至成为一个消极被动甚至反动的存在物，那不管技术设备有多好、物质资源有多么丰富，其生产力水平注定是提不高的。[①] 实物资本在生产过程中发挥多大的效益，往往取决于人的价值取向。人的精神状态和思想觉悟直接影响与制约着经济发展水平。超越道德理应让人在面对生产资料和生产对象的时候，有更强大的动力和奋斗的目标，更应该把人的潜能和创造力充分地调动出来，为市场经济过程注入活力，对经济增长产生积极作用。如果一种道德能够在人的心理或性格上产生积极的作用，使人们能够更加努力地工作，提高劳动效率，那么这种道德是有利于经济发展的。

第二，超越道德塑造生产者和商人的道德品质，从而让生产者和商人更好地融入社会，参与经济活动，转化为经济道德，进而最终转化为一种经济资本和社会资本，释放出巨大的经济推动力，促进经济的发展。具体表现为以下几方面。

---

① 王小锡. 论道德资本 [J]. 江苏社会科学，2000 (3)：97-100.

其一，责任感与劳动生产率的提高。如《新教伦理与资本主义精神》中所强调的，新教伦理往往神圣化人们的日常工作，强调人们的工作是"神召"，神圣化人们的日常工作，赞美并抬高人们的职业劳动，这增强了人们工作的责任感和使命感，提高了劳动生产率。在新教看来，财富不仅不应该反对，还"象征着上帝的赐福"，是神恩的标志，是天职。"为财富而追求财富被斥为贪婪、拜金主义等，因为财富本身是一种诱惑。按照《旧约》并对照善行的伦理评价，禁欲主义因此认为，把追求财富本身作为目的是极应谴责的；但是若作为从事一项职工劳动的果实而获得它，那便是象征着上帝的赐福。"[①] 这种"天职"观给积极地创造财富，参与社会劳动以神圣化和宗教化，并使人们产生了很强的"职业精神"，使人们认为工作职业是一种义务，合法地创造财富就是职业美德，是个人能力的证明，这为市场提供了劳动力，新教徒们可以有条理地参加世俗活动，有利于社会的合理分工，使资本主义生产得以运行。新教神圣化了人们的世俗生活，人们在现实世界的营利活动具有了神圣的意义，人性得到了肯定，它完全打破了神圣与世俗的对立，打破了追求物质财富与信仰上帝之间的对立，使二者达到统一。新教对经济的求利性进行肯定，这种道德价值规范促进了西方市场经济的发展。

其二，产品质量和信誉的保证。市场的竞争规律导致了质量就是效益，质量的好坏决定了市场份额的大小。企业生产商只有在产品的质量上下功夫，向社会提供质量过得硬的产品才能争得顾客，赢得市场，取得竞争的优势，只有得人心者才能得市场，良好的商业信誉和企业形象是一笔巨大无形的资产。如儒家传统文化主张做人要诚信无欺，诚信无欺乃立身处世的根本，是社会生活中，也是经济交换活动中最基本的道德原则。"人而无信，不知其可也。大车无輗，小车无軏，其何以行之

[①] 马克斯·韦伯. 新教伦理与资本主义精神 [M]. 于晓, 陈维纲, 等译. 北京: 读书·生活·新知三联书店, 1987: 161.

哉?"儒商必然在经济活动中遵守儒家的道德观念,他必然会在市场经济中讲诚信,本着对消费者负责任的心态生产出质量过硬的产品和保障优质的服务,赢得消费者的青睐和信任,从而最终产生企业的信誉和知名度,形成一种无形资产。

其三,人际关系的和谐。管理者只有以推己及人的仁爱道德对待职工,才能充分调动起每个人的积极性和创造性,使员工单纯的经济行为转变为高尚的敬业精神,单纯的牟利动机转变为主人翁的责任感和劳动精神,从而为企业创造更多的财富。佛教文化提倡"同体大悲、无缘大慈""自利利他",道家文化也强调"齐同慈爱、异骨成亲"等,就是要对那些处于弱势地位的人具有慈悲关爱的情怀。有高尚境界追求的企业家便会对企业进行人本管理,关心雇员,时刻谨记经济发展的人性价值,这样就会使管理者之间、管理者与职工之间以及职工内部之间关系协调,增强了企业的凝聚力。和谐的人际关系是一种巨大的社会人力资本,它能激发无穷的经济效率。

其四,交易成本的降低。交易费用的高低决定经济效益的大小以及经济活动的成功与否。经济活动中的交易费用高,就会浪费社会资源的使用。人们为防止被骗,就要花费人力、物力、财力,去了解交易对象的信誉,鉴定商品的真伪与质量,签订更加详细的交易合同,在被骗之后又要去打官司。如果有以信仰为支撑的人格道德做担保,人们必然会在经济活动中遵守市场交易规则,从自利与利他的互利出发,使买卖双方互惠互利。因此,这方面的费用就可以大幅减少,经济中的人为的不确定性因素的减少就会使交易成本降低,提高资源配置的效率,加速社会财富的创造。

其五,协调好人与自然的关系。协调好人与自然的关系,才能保障国民经济的可持续发展。马克思和恩格斯谈到人与自然的关系时就指出:"人本身是自然界的产物,是在他们的环境中并且和这个环境一起发展起来的。"① 人类时时刻刻都与自然环境进行着物质和能量的交换，自然界是人类赖以生存和发展的必要条件，人与自然环境息息相关，但是现今人们为了短期的经济效益，过度盲目开发自然资源，贪婪地向大自然索取，竭泽而渔、焚林而猎，结果造成自然资源枯竭，环境污染，生态平衡遭到破坏，人类的生存也面临危机。这种急功近利的行为无异于杀鸡取卵，损害了人类的长远利益。

我国优秀传统文化中的一些生态伦理思想可以克服经济社会发展过程中出现的生态问题，实现经济高质量发展。如"天人合一，和谐共生""敬畏生命，仁爱万物""崇尚节俭，永续利用""遵循规律，以时禁发"等理念可以抑制人们对自然界过度索取，节制不合理的生产和消费，科学发展。人们要与自然界协调发展，不能以牺牲自然为代价换取经济的繁荣，要与其他物种共生共荣。绿水青山就是金山银山，统筹经济发展与生态环境保护，建设美丽中国，转变经济发展方式，保护人类赖以生存和发展的生态环境和自然资源，有利于经济的可持续发展，其物质价值和经济价值难以估量。

第二节 共产主义道德与市场经济运行的相关性分析

一、共产主义道德的超越性

"共产主义道德"这一概念的首次提出是列宁在1920年10月发表的《青年团的任务》演说中。列宁对共产主义道德做了概括，他指出："所谓共产主义，严格说来就是无代价地为社会工作，不考虑每个人的差别，丝毫没有旧的观点，没有守旧心理、旧习气、各工作部门间的差

---

① 马克思恩格斯选集：第三卷 [M]. 北京：人民出版社，2002：74.

别以及劳动报酬上的不同等。"① 共产党诞生后,在革命中和革命后都坚持共产主义道德和共产主义人生观。有学者这样定义共产主义道德:"共产主义道德是指从无产阶级的完整利益中引申出来的,适应于生产资料公有制为基础的社会经济形态的,以忠于共产主义事业的集体主义为其根本原则的一种新型的社会道德体系。"② 共产主义道德相对于现实情况来看具有超越性,因为共产主义道德是以未来社会中消灭私有制,实行"各尽所能、按需分配"为主要特征的经济关系为基础,体现了一种更高水平上的人与人之间的关系,即"每个人的自由发展是一切人的自由发展的条件"③。马克思说:"共产主义是对私有财产即人的自我异化的积极的扬弃。因而也是通过人并且为了人而对人的本质的真正占有;因此,这是人向作为社会的人即合乎人的本性的人的自身复归。它是人和自然界之间、人和人之间的矛盾的真正解决。"人们为了向自身复归,必然为实现这一道德理想而奋斗终生,具有很强的献身精神。共产主义道德最为根本的原则就是集体主义原则,共产主义道德有五个道德规范,即全心全意为人民服务,共产主义劳动态度,爱护公共财富,热爱科学、坚持真理,爱国主义和国际主义。④ 但共产主义道德主要体现为全心全意为人民服务和坚持集体主义原则。

第一,全心全意为人民服务。在整个共产主义道德规范中,全心全意为人民服务是共产主义道德的核心,是共产主义道德的最高宗旨,是评价人们行为是否有道德的最根本的标准,也是共产主义道德最基本的行为规范。全心全意为人民服务体现为热爱人民、关心人民、爱护人民、同人民站在一起、一切向人民负责。个人的利益要服从人民的整体利益,同危害人民、背叛人民的行为做斗争。在人民需要的时候,为了

---

① 列宁全集:第三十卷 [M]. 北京:人民出版社,1985:160-161.
② 罗国杰. 马克思主义伦理学 [M]. 北京:人民出版社,1982:241.
③ 马克思恩格斯选集:第一卷 [M]. 北京:人民出版社,1995:273.
④ 罗国杰. 马克思主义伦理学 [M]. 北京:人民出版社,1982:241.

人民的利益不惜牺牲个人利益以至自己的生命。因为社会财富是由人民创造的，人民不仅创造着一切物质财富，还创造着精神财富。历史也是人民群众创造的，历史是人民的历史，人民是历史的真正创造者，人民是推动历史前进的动力。因此，共产主义者的人生观就应当是为人民服务，只有为了人民的利益、为人民的事业而奋斗、而牺牲，才是最值得的、最高尚的。毛泽东说："共产党人的一切言论行动，必须以合乎最广大人民群众的最大利益，为最广大人民群众所拥护为最高标准。"① 共产主义道德必然要求共产党人要为绝大多数人谋利益，反映广大人民群众的根本利益，服从人民群众的整体利益，从人民的利益出发。全心全意为人民服务是共产党人最起码的要求，是最基本的社会道德，是我们确立人生观的价值导向，它告诉我们应该做一个人民所信赖的人；全心全意为人民服务是我们进行人格修养的目标，它告诉我们应该怎么做一个人民所需要的人；全心全意为人民服务，就要关心人民的疾苦，让人民走上共同富裕的道路，不仅关心人民的物质利益，还要关心人民的精神文化需要，尊重人民的创造精神。人民群众进行生产活动最终的目的就是过上幸福和美好的生活，物质和精神双丰收。正是全心全意为人民服务才使得共产主义道德能够代表未来，并且是共产主义道德能够长久保持的基础和源泉。

第二，坚持集体主义原则。集体主义原则是共产主义道德调整个人和整体关系所遵循的根本指导原则，集体主义原则合理、科学地解决了个人利益同社会整体利益、个人利益同人民利益之间的关系，它是个人行为和品质的最高道德标准，并且始终贯穿于共产主义道德的发展。资本主义社会的私人所有制造成了个人利益和社会利益的对立，工人阶级被个人主义至上的资产阶级剥削，反对利己主义和强调自我牺牲解决不了个人利益同社会整体利益之间的对立。"共产主义者既不拿利己主义

---

① 毛泽东选集：第 3 卷 [M]. 北京：人民出版社，1991：1045.

第四章 市场经济运行中道德调节的维度之二：道德的超越性

来反对自我牺牲，也不拿自我牺牲来反对利己主义，理论上既不是从那感情的形式，也不是从那夸张的思想形式去领会这个对立，而是在于揭示这个对立的物质根源，随着物质根源的消失，这种对立自然而然也就消灭。"[1] 因此，没有私人生产资料、没有个人独立地位、受资本主义制度的压迫和剥削的无产者只有彻底消灭资本主义私有制，消灭阶级和阶级差别，进行社会主义革命，并在生产力高度发达的基础上实现共产主义，才能获得自己的解放，才能使个人利益和集体利益实现统一。消灭了私有制，人们都奉献于集体，才能得到自己最大的利益。"只有在集体中，个人才能获得全面发展其才能的手段，也就是说，只有在集体中才可能有个人自由。"[2] 个人如果离开集体力量，就没有个人真正的利益。个人利益的获得要靠集体利益的实现，集体之大公是由个人构成的，没有个人也就没有集体，因此集体利益必须保障个人利益的实现。只有集体主义原则才能体现无产阶级和劳动人民的整体利益，因此共产主义道德的集体主义原则强调从劳动人民的根本利益出发，坚持集体利益高于个人利益，个人利益无条件服从集体利益，二者发生矛盾的时候，个人利益必须无条件服从集体利益，在保障集体利益的前提下，把集体利益和个人利益结合起来，集中体现了无产阶级大公无私的优秀品质和为人类解放而奋斗牺牲的精神，集中体现了共产主义道德的本质。正如雷锋同志，他切实把集体主义道德原则贯彻到自己的行为中，忠实地按照集体主义原则而行动，集体主义已经成为雷锋的人生观和行为的原则，并且是他生活的动力。他认为一个人活着就应该像白求恩那样"毫不利己，专门利人"，要做一个道德高尚的人，把自己的毕生精力和整个生命献给共产主义事业。

---

[1] 马克思恩格斯全集：第三卷 [M]. 北京：人民出版社，2002：275.
[2] 马克思恩格斯全集：第一卷 [M]. 北京：人民出版社，1995：82.

二、共产主义道德依然可以调节市场经济

每一种道德类型,都是由一定的经济关系所决定,同一定的社会形态相适应。共产主义道德是公有制基础上经济关系的体现,适应于生产资料公有制为经济基础的社会经济形态的道德体系。共产主义道德只能是资本主义社会矛盾的产物,只能是社会生产力高度发达的基础上形成的,是社会变革要求的反映。适应共产主义道德的社会形态并不是资本主义社会,而是共产主义社会,也包括共产主义初级阶段的社会主义社会,共产主义道德只适应于经济关系成熟的社会。而现今我国直接从半殖民地半封建社会过渡到社会主义社会的初级阶段,并没有经历资本主义社会生产力和社会财富的增长和聚积,我们是在一穷二白的基础上发展社会主义经济,虽然我们进入了社会主义社会,但是我们的生产力水平和经济关系的成熟度跟共产主义的初级阶段——社会主义社会的生产力标准相比,尚有很大的差距,那么跟共产主义道德适应的生产力水平和经济关系的差距就更大。对目前的阶段来讲,共产主义社会对于我们只能成为一种理想,一种人生的境界追求。现今为止,人类历史上也并没有存在过真正的共产主义社会和共产主义道德。正如恩格斯所言,它是"代表着现状的变革、代表着未来的那种道德"[①]。正因为代表着未来,我们才有了前进的动力和希望,为希望而存在。

我国改革开放以来,确立了社会主义市场经济体制,进行了社会主义市场经济体制改革,我国的经济生产力得到了迅速的发展。改革开放40多年来,我国的GDP高度增长,2010年已跃居世界第二位,取得举世瞩目的成就,这都得益于市场经济的发展,实现了市场化的经济体制改革。虽然我们已经全面建成小康社会,打赢脱贫攻坚战,正迈向建设

---

① 马克思恩格斯全集:第三卷 [M]. 北京:人民出版社,2002:133.

第四章 市场经济运行中道德调节的维度之二：道德的超越性

社会主义现代化强国的征途上，但是我们要补市场经济的课程，在我们补课的过程中，势必要遵循市场经济的规律。市场经济强调参与市场经济活动的人都是以自主自利为目的从事商品生产和交换，参与市场活动的人都是具有自利生存能力和自主选择权利的经济人，体现了人们之间是互利交换的关系，即按双方同意的价格进行商品或劳务交换，双方以自利为目的最终到达了为己互利，互利双赢。因此，市场经济更注重利益的互惠交易，不存在利益的单方面转移。在市场经济中，只要参与经济活动的人从事社会分工生产和互利交换取得生活资料，不是用偷窃、抢夺等损人利己的方式从他人那里取得满足自己需要的商品或利益，他就是合理、应当、道德的。因此，从这个角度来说，共产主义道德即全心全意为人民服务，无私利人的道德原则，毫不利己、专门利人的道德原则与市场经济的分工生产、互利交换的经济规律相冲突。

无私利人是指不计报酬地将自己的利益出让给别人，出让利益的一方以损害自己的利益为代价换来别人利益的增加，结果是别人成了损人利己的人。所以说，如果大家都厉行无私利人这一道德原则，那么商品交换就无从产生，就会出现《镜花缘》中君子国的市场混乱场面。君子国里的人，个个都以自己吃亏让人得利为乐事，争做无私利人的君子，坚决不做追求私利的小人，他们在市场上的交换行为就表现为：卖者坚持讨低价，买者坚持出高价。由于卖价低于买价，而且各不相让，很难达成交易。因为若买者要求卖者提价成交，那就意味着要卖者做小人，不能做君子，这是卖者绝不能答应的，反之，若卖者要求买者降低成交，那就意味着要买者做小人，不能做君子。这是买者决不能从命的。在小说中就谈到了一笔交易，"谈了许久，卖货人执意不增价，隶卒赌气，照数讨价，拿了一半货物；刚要举步，卖货人哪里肯依，只说价多货少，拦住不放；路旁走过两个老翁，作好作歹，从公评定，令隶卒拿了八折货物，这才交易而去"①。因此，无私利人的共产主义道德不能作为与市场经济体制相适应的道德规范。市场经济时代，个人追求利润最大化，追求自己的利益，满足自己的需求，具有正当性与合理性。市场经济提倡产权明晰、自主经营、自负盈亏、等价交换、自主择业、自食其力，提倡自由、民主、平等的原则。我们不可能回到生产力不发达、吃大锅饭的平均主义分配时代。在生产力落后、不发达的情况下，秉持共产主义道德观不符合社会演变的规律，与市场经济的经济基础不适应。诸如"人的生命是有限的，为人民服务是无限的。我要把有限的生命，投入到无限的为人民服务之中去"的雷锋精神，它是动人心弦的召唤，是理想社会慷慨高歌的不懈追求。但毋庸讳言，这个慷慨高歌，当下还难以作为现实社会人人遵循的普遍要求。② 所以，我们必须实现意识形态中的道德观与经济基础的市场化同步改革，建立与市场经济相适应、绝大多数人能遵守的普遍道德规范，这是解决中国人道德困惑的必经之路。

据此，有人推导出市场经济的价值观与共产主义道德观完全冲突对立，在本质上有根本的差异，在市场经济条件下大力弘扬共产主义雷锋精神无疑是要求经济人放弃利己的冲动，消解市场经济的动力，从而认为全心全意为人民服务过时了。其实，当我们进行现实的分析时，就会发现市场经济的发展并不妨碍共产主义道德对市场经济的引领作用，"全心全意为人民服务"并没有过时，二者也并非处于非此即彼、有你没我的敌对状态。与市场经济相适应的道德规范与对市场经济有引领、升华作用的道德规范并不冲突，超越的共产主义道德可以弥补市场经济所带来的局限性。与市场经济相适应的道德规范对市场经济是一种约

---

① 王国乡.自主权利的道德界限——从经济学视角求解伦理学难题［M］.北京：世界图书出版公司，2011：59.
② 叶小文.望海楼札记［M］.北京：中国人民大学出版社，2011：283.

束，但是若没有更高一级的道德规范来进行制衡和引领，与市场经济相适应的道德规范就会得不到有力的保障，最终会坍塌和无效。我们要厘清与市场经济相适应的道德与超越的共产主义道德二者的关系，各司其职，各就各位，这样才能解决我们思想的困惑。

人类社会是向前发展的，生产力水平是逐步提高的，我们必定会向着人类最终要实现的目标前进，尽管路途坎坷，共产主义道德永远会激励着我们。一方面，人作为个体性存在，永远在追求自我价值的实现，不断地完善自我，共产主义道德是一种更高的人生境界，可以作为我们个体人格道德修养的目标，给我们个体人格道德修养指明了一个方向，但它需要内化为我们个体的自觉和自省，满足我们个体的价值理想，而不能强硬拔高，揠苗助长；另一方面，市场经济只是目前比较先进的经济形态，未来还有产品经济形态，市场经济也有其不完善的地方，市场经济容易让实用主义人生观和价值观支配生活领域的一切活动，让浅薄的技术万能主义占据上风；容易让人只看到物质的维度，为世俗利益所羁绊，却忽略了重要的精神维度；容易让人只关注消费享受，却忽略了人的心性。而共产主义道德倡导的全心全意为人民服务和集体主义原则会让人们有更高远的精神追求，为实现共产主义社会而奋斗，有利于实现人的自由、全面、均衡发展。因此，共产主义道德是道德演进的方向，市场经济本身出于可持续发展的需要也会给共产主义道德留下作用的空间，我们更加坚信它未来必定会实现。

第三节 中华优秀传统文化对市场经济的调节

中华民族在几千年历史中创造和延续的中华优秀传统文化，是中华民族的根和魂。中华优秀传统文化，蕴含着丰富的思想道德资源。比如，在坚守道德底线方面，强调"己所不欲，勿施于人""与人为善"

"以己度人""推己及人","君子忧道不忧贫",要恪守"良知",做到"俯仰无愧"。再比如,在树立道德理想方面,强调"大道之行也,天下为公",人要"止于至善",有社会责任感,追求崇高理想和完美人格,倡导"兼善天下""利济苍生""修身齐家治国平天下""见贤思齐焉,见不贤而内自省也",做君子、成圣贤。我们要利用好中华优秀传统文化中的这些宝贵资源,增强人们的价值判断力和道德责任感,不断提高人们的道德水平,提升人们的道德境界。[①] 儒释道三家,鼎足而立,相辅相成,成为中国传统文化的基本结构。儒释道三家中蕴含着丰富的伦理道德思想,这种文化传统可以提高人的精神文明程度,促进经济发展所需要的人力资本积累,今天依然可以为我们推进改革开放和社会主义现代化建设提供强大精神力量。

一、儒家伦理对市场经济的作用

马克斯·韦伯认为,诚信、节俭、理性、节制等新教伦理作为与资本主义发展的内在精神要求契合的精神形态,促进了资本主义经济的飞速发展。但我们并不能反过来讲,市场经济的发展必须以新教伦理为基础的资本主义精神为前提。后来的事实证明,东南亚"四小龙"经济的腾飞与新教伦理的支撑无关,反而与儒家文化的熏陶有密切的关系,儒家文化在东亚现代化的过程中扮演了积极的角色。市场经济虽然生根于西方,但是依然可以嫁接到东方,因为儒家文化也有很多方面可以与市场经济相契合,尤其对市场经济的可持续发展有很重要的作用,也可以弥补西方市场经济的不足。概略地说,主要有以下几方面。

第一,"天人合一"的世界观。儒家倡导天人合一,认为世界是无限的,人生是有限的,人不可能彻底认识世界,更不可能征服世界,只

---

① 习近平. 论党的宣传思想工作[M]. 北京:中央文献出版社,2020:56.

能顺应自然规律,与自然和谐相处,通过"格物致知"获得自然万物生存的智慧,然后师法自然,也就是模仿自然,与自然合二为一,而不是违逆自然,征服自然,强令自然服务于人。张载在《西铭》中提出:"民吾同胞,物吾与也。"所有的民众都是自己的同胞,所有的物类都同等对待,反对对自然进行掠夺式的经营。市场经济的起步阶段,总存在着破坏生态、污染环境的现象,随着生态环境的恶化,威胁人类的生存,人们逐渐认识到人和自然的关系需要重新调整,经济与自然要协调发展,否则市场经济取得的成果都会付诸东流。儒家的"天人合一,民胞物与"的思想对我们现今转变经济增长方式,不以掠夺自然资源来发展经济,人与自然和谐发展,促进生产和生活的根本性变革,进行生态文明建设有很大的启发意义。

第二,"以人为本,以仁为主"的人生观。儒家伦理学说以人的素质、人的修养以及对人的重视为基本出发点。在儒家学说体系中,"人"不是孤独的个体,也不是生物学意义上的个人,而是指关系人。人就要注重人与人、人与自然、人与物关系的协调,人只有注重自己德行的修养,才能赢得人与自然、人与人、人与物关系的融洽,从而保持整体关系的和谐。孔子提出"君子先慎乎德",君子要注重修养自己的德行,德行是基础;为官更应该讲德行,"为政以德",为官不仁会影响到国家的盛衰存亡。孟子提出:"天子不仁,不保四海;诸侯不仁,不保社稷;卿大夫不仁,不保宗庙;士庶人不仁,不保四体。"[1] 可见"仁"是最核心的精神。荀子提出"裕民以政"的思想,他认为管理者应该关注民众的利益,让民众富裕,要藏富于民,只有关心民众、保护民众的利益,民众才会服从管理者的管理。孟子则认为,管理者不能把私利摆在首位,而应该把公义摆在首位,只有把公义摆在首位才能凝聚民心。在市场经济发展的初期,为了追求利润最大化,甚至"人"也被作为价值

---

[1] 孟子[M]. 方勇,李波,译注. 北京:中华书局,2010:131.

增值的工具和手段，人的价值失落，得不到实现，造成与经济发展的尖锐冲突。儒家的"以人为本，以仁为主"的人生观可以重新确定"人"在经济发展中的地位，重新彰显人的价值。"如果现代的管理科学能够辅以人性论的管理哲学，如果现代西方的科学管理能够辅之以人性论的管理方法，则科学管理体系的缺失也就能够避免，而管理的有效性和管理的价值也就自然提升了。"[1] 儒家"以人为本，以仁为主"的人生观可以为经济现代化管理提供重要思想资源。

第三，"以义取利"的价值观。儒家并不反对人们对物质财富的追求，但强调社会物质财富的获得必须符合伦理规范。孔子说："富与贵，是人之所欲也，不以其道得之，不处也。贫与贱，是人之所恶也，不以其道得之，不去也。"[2] 利虽可取，但应以义取利，合理之利是认可和接受的，轻视和贬低的是不义之利。"饭疏食，饮水，曲肱而枕之，乐亦在其中矣。不义而富且贵，于我如浮云。"[3] 一个人可以追求富贵，但是追求富贵必须是合乎道义礼制的。一个人在物质生活基本满足的情况下应该追求崇高的精神愉悦，"谋道不谋食""忧道不忧贫""义以为上"，不应该过多计较个人得失和追求享乐。荀子更是强调"义胜利者为治世，利克义者为乱世"。儒家的"以义取利"作为一种价值取向，客观上在影响着人们对价值目标的确认和经济行为方式的选择，这对社会主义市场经济的发展有重要的启迪意义。社会主义市场经济的运作过程并不是一个纯经济现象，唯利是图不是社会主义市场经济的基本现象，社会主义市场经济应该是伦理和经济统一的过程。

儒家的世界观、人生观、价值观围绕的核心就是人的价值理性的安顿，强调"修己"，学习"做人"，注重人的内在自觉性和自我人生境界

---

[1] 成中英. 西方管理危机与儒家人性智慧 [J]. 哲学研究，1993（3）：48-50.
[2] 论语·大学·中庸 [M]. 陈晓芬，徐儒宗，译注. 北京：中华书局，2011：41.
[3] 杨伯峻. 论语译注 [M]. 北京：中华书局，1980：71.

的提升，强调个人自我修养和自我约束，注重理想人格的自我锻炼。儒家主张："物格而后知至，知至而后意诚，意诚而后心正，心正而后身修，身修而后家齐，家齐而后国治，国治而后天下平。"[①] 诚意、正心、修身、齐家、治国、平天下是儒家认为的理想型人格的实践方式。儒家认为人性本善，对人性提升的潜能深信不疑，相信个人价值善的自我实现。学习如何做人就是让自己朝着理想人格迈进，把自己投入一个永不停止的、没有尽头的、创造性的自我转化过程，从而激发了人内在的创造力。儒家思想里还有诸多涉及人格道德方面的，对商人的人格道德能起了很好的塑造作用，从而间接影响市场经济的生产、分配、交换和消费等过程。

其一，儒家思想主张人应该忠、勤、专、恒。人要忠诚，人要勤劳，《说文解字》当中说："惰，不敬也；慢，惰也。怠，慢也；懈，怠也。"[②] 惰、慢、懈、怠为不敬，即不勤就是不敬；人要专心，荀子在《劝学》中将蚯蚓与螃蟹作比："蚓无爪牙之利，筋骨之强，上食尘土，下饮黄泉，用心一也；蟹六跪而二螯，非蛇、鳝之穴无可寄托者，用心躁也。"[③] 人要有恒心，"天行健，君子以自强不息"。人的忠诚、勤劳、专一、持之以恒这些道德品质对市场经济中的生产经营者会产生巨大的影响。这些品质会促使人们对市场经济的生产尽心竭力、勤勉努力、尽职尽责、奋发求精、忠于事业，它所产生的影响不亚于西方新教伦理派生的职业精神带来的影响。

其二，儒家把"信"当成人的立身之本，以诚信立身，做人要诚信无欺。孔子说："人而无信，不知其可也。大车无輗，小车无軏，其何以行之哉？"[④] 诚信无欺是人立身处世的根本，是最重要的人格品质。

---

① 田晓娜. 四库全书精编·经部 [M]. 北京：国际文化出版公司，1996：301.
② 许慎. 说文解字 [M]. 长沙：岳麓书社，2006：220.
③ 安小兰. 荀子 [M]. 北京：中华书局，2007：7.
④ 杨伯峻. 论语译注 [M]. 北京：中华书局，1980：21.

"欲修其身,先正其心;欲正其心,先诚其义。"诚信是处理一切人际关系、从事一切工作等社会生活中最基本的道德原则,当然诚信更是市场经济必须遵循的根本原则。诚信必然要求人们诚心诚意、言行一致、表里如一;诚信必然要求市场经济的交换过程要等价交换、遵守契约、童叟无欺、货真价实、量足公道。

其三,儒家推崇施恩于民,认为一个人能够广泛地把恩惠给予民众的人,不是一般的仁爱之人,而是圣人。《论语》中说:"子贡曰:'如有博施于民而济众,何如?可谓仁乎?'子曰:'何事于仁?必也圣乎!'"[①] 圣人的品德对于经济的分配过程会产生一定影响。随着市场经济的深入发展,人们越来越关注公平,收入均等化愈来愈受到重视。而增加社会福利,提高生活质量,抑制贫富分化更多要依靠社会的第三次分配。除了市场的第一次收入分配和政府的第二次分配,道德的第三次分配(个人的收入转移越发凸显重要),有利于社会的整体和谐。而在第三次分配中,个人的人格道德是保障第三次分配顺利进行的关键。

其四,儒家推崇节俭,宣扬"节用而爱人",节俭是人的一种美德。人要有节制地、朴素地消费,要求人们节制自己的生活欲望,约束自己的消费行为,俭约生活,节约财用。儒家反对奢侈豪华的生活方式,提倡朴素的礼乐制度,"奢则不孙,俭则固;与其不孙也,宁固"[②]。人君能否守礼制,节嗜欲,尚节俭,直接关系着国家社稷的盛衰存亡。孔子说:"中人之情,有余则侈,不足节俭,无禁则淫,无度则失,纵欲则败。……故饮食有量,衣服有节,宫室有度,畜积有数,车器有限,所以防乱之原也。"[③] 儒家节俭的品德对市场经济的消费观也会有重大的影响,我们要合义或合理地利用财富,而不是炫耀财富,比谁的奢侈品

---

① 杨伯峻. 论语译注 [M]. 北京:中华书局,1980:65.
② 杨伯峻. 论语译注 [M]. 北京:中华书局,1980:77.
③ 王肃. 孔子家语 [M]. 长春:时代文艺出版社,2007:203.

牌多。随着改革开放,经济水平提高,部分商人成为富豪,为了弥补当年穷困时的遗憾,现今过上了奢靡的生活,无度地挥霍财富,炫耀攀比盛行。这是人们虚荣心的一种表现,精神极度空虚所致,他们没有树立正确的财富观,没有合理合义地利用财富,财富也并没有发挥其应有的价值,儒家以节俭守礼来规范人们的生活,可以使人们的心灵不被物欲所捆绑。

深受儒家信仰的影响,并将儒家的世界观、人生观、价值观念渗透到经济的生产、交换、分配、消费等经营活动中去,其独特的经营理念和行为方式体现出儒家文化特色,并且以塑造自我人格,提高自我的修养为目标的商人,我们称为"儒商"。"儒商"明显不同于犹太商人、阿拉伯商人,西方商人,而是我们传统的儒家文化孕育出来的中国商人,它不同于唯利是图的贪商和仅仅赚钱的庸商,而是一类具有良好文化道德素质的"义商""良贾",一类高层次的商人。日本"现代企业之父"涩泽荣一遵奉儒学,终生都在念《论语》,他总结的经验就是"见利思义",他认为《论语》和算盘并不矛盾。儒商一方面在经济活动中修行自己的人格道德,提升自我境界,另一方面遵守儒家文化派生出来的商业经营管理规范,在经营中见利思义。儒商把儒家文化和商品经济规律进行整合,交叉互补,他们既反映了经济规律要求,又体现了儒家文化的特色,形成了一种独具特色的内涵。"儒商"的出现充分证明了儒家伦理中也具有与市场经济发展的内在精神要求相契合的精神资源。

二、佛家伦理对市场经济的作用

佛教在我国传播 2000 多年,经历了一个不断中国化的过程。习近平主席在巴黎联合国教科文组织总部发表演讲时指出:"佛教产生于古代印度,但传入中国后,经过长期演化,佛教同中国儒家文化和道家文化融合发展,最终形成了具有中国特色的佛教文化,给中国人的宗教信仰、哲学观念、文学艺术、礼仪习俗等留下了深刻影响。"[①] 而佛家的人生哲学正是佛教的核心内容,是一种力图解决人生根本问题的学问。中国佛家文化是中国传统文化的重要组成部分,对社会的健康发展具有重要意义。

从太虚法师开始,佛教由"出世"积极地向"入世"转变,佛教实现了人间化。1933年10月,太虚法师发表演讲《怎样建设人间佛教》时指出,人间佛教表明,并非教人离开人类去做神做鬼,或皆出家到寺院山林里去做和尚的佛教,乃是以佛教的道理来改良社会,使人类进步,把世界改善的佛教。人间佛教就是要针对现实的人和人类社会,改善人类的生活,改善人生,让社会有所进步。太虚认为,把佛、菩萨当作鬼神这一观念是错误的,"佛"是"觉者"的意思,觉悟宇宙人生全部真理者。因此,太虚法师还提出"人生佛教"。他认为人生在世要有合理的人生,让自己的人生变得有道德,只有有道德,自己的人生才能获得最大的价值和意义,而佛教就是让自己的现实生活实践合理化和道德化的,佛教应该是"平实切近而适合现实人生的"。建设人间佛教或人间净土,实现佛教的人间化,必须实现佛教的转型,让被异化了的佛教向佛家回归,面对人生、面对具体的人,力图解决人生根本问题,解决人生的圆满。

太虚法师人间佛教的思想后来经过印顺法师、赵朴初居士等人,又得到了进一步的发扬。印顺认为,佛教必须重视人间,人间佛教必须以人为本,人间佛教是最适应现代社会的。赵朴初在《中国佛教协会三十年》的报告中指出:我以为在我们信奉的教义中应该提倡人间佛教思想,它的基本内容包括五戒、十善、四摄、六度等自利利他的广大行

---

① 习近平. 习近平在联合国教科文组织总部的演讲[N]. 人民日报,2014-03-28.

愿;《增一阿含经》说"诸佛世尊,皆出人间",揭示了佛陀重视人间的根本精神。《六祖坛经》说,"佛法在世间,不离世间觉,离世觅菩提,恰如求兔角",阐明了佛法与世间的关系,佛陀出生在人间,说法度生在人间,佛法是源出人间并要利益人间的。我们提倡人间佛教的思想,就要奉行五戒十善以净化自己,广修四摄、六度以利益人群,就会自觉地以实现人间净土为己任,为社会主义现代化建设这一庄严国土、利乐有情的崇高事业贡献自己的光和热。[①]

佛家思想对市场经济所带来的功利化、世俗化等局限性可以起有效的弥补作用,可以净化人生、改善生存环境、提高生活质量。

第一,佛家思想的伦理化和道德化。"佛"是大智、大悲与大能的人,是一个对宇宙人生根本道理有透彻觉悟的人,理智、情感和能力同时达到最圆满境地的人格。佛不是唯一的,任何一个通过自己努力修行而获得人生最高智慧的人,都可以成佛。因此,人的道德问题是佛家思想体系的核心内容,佛家的精髓在于说明人生的道德,坚守佛家思想的人就应该从普通的道德实践开始做起,最重要的是遵守佛家文化中有关人格圆满的,带有道德意义的行为规范,如五戒、十善、四摄、六度。五戒包括不杀生、不偷盗、不邪淫、不妄语、不饮酒。五戒是信徒必须遵守的,认为修此五戒,行善积德,死后可以转生为人。十善包括不杀生、不偷盗、不邪淫、不妄语、不两舌、不恶口、不绮语、不贪欲、不瞋恚、不邪见。四摄是菩萨用以引导、教化和救济众生的方式方法,包括布施、爱语、利行、同事。布施,将自己的财产分施与他人;爱语,是以巧妙方式对人给予赞美或劝导,对做错事情者予以教诲,使之悔改;利行,是做利他之行,给人帮助,信心和欢乐;同事,与人和睦相处,以诚相待,同甘共苦。四摄当中贯彻着菩萨道的大慈大悲的精神。

[①] 赵朴初. 中国佛教协会三十年——在中国佛教协会第四届理事会第二次会议上 [J]. 法音, 1983 (6): 13-21.

六度是布施、持戒、忍辱、精进、禅定、智慧。布施,是指从慈悲之心出发济助人以财物,用宽慰的语言并采取可行的方法为他人解除苦厄和恐惧之心;持戒,指遵守戒律;忍辱,是指受到别人恭敬时不产生傲慢及安逸之心,在遭受瞋骂打害之辱时不生怨恨和瞋恚之心,并且心不为一切内外事物所动,不畏寒热饥渴,不生瞋恚、忧愁、淫欲、傲慢之心;精进即奋发努力;禅定和智慧虽然没有直接的道德意蕴,但是二者也与道德密切相关,因为禅定和智慧也必然是有德之人才具有的。

五戒、十善等可以让我们在经济生活中与人有良好的人际关系,可以调节我们的身心。在顺境时,我们要做到不趾高气扬,不忘乎所以。在遭遇逆境的时候,我们能努力抑制瞋恚情绪,做到心平气和,既不悲观失望,也不怨天尤人,防止感情用事,以宽容、忍让、谅解等来处理自己与周边人的关系。四摄、六度可以让我们有大慈大悲的精神,我们要对那些处于弱势地位的人具有慈悲关爱的情怀。有某些企业的管理者通过自由合约使员工不分昼夜地加班,在没有关爱的环境中生存,这虽然可能没有违反法律,却不符合伦理。如富士康公司的员工跳楼事件频发,富士康员工长期处于一种高度紧张的高强度工作状态,人几乎已经变成机器,根本没有得到管理者的关爱和最基本的尊重,否则不会选择轻生。企业应该从宗教的慈悲关爱理念中汲取营养,在为员工提供物质生活条件的同时关爱他们的精神生活,解决他们的现实困难,消除现代大工业生产所造成的非人化、非情感化,缓和现代社会给人带来的孤独感、冷漠感。这样员工感受到企业的温暖,会把此当作动力,会间接促进生产力的发展。

佛家的伦理道德,就是关于如何服务于人生,解决人生圆满的问题。它让人追求人格的自我完善,是一种超越的道德。虽然各时代、各民族、各宗教的道德标准会有所不同,一些观念也会随着社会环境的改变而变化,但就做人而言,人格完善方面,像佛家的这些五戒、十善、四摄、六度等道德是不会随着时代的改变而改变的，它必将一直潜移默化地影响人们。深受佛家文化浸润的商人，会将佛家的伦理道德与企业的经营活动结合起来，以"六度"——"布施、持戒、忍辱、精进、禅定、智慧"作为自己日常行为指南，并且用"六度"来塑造企业文化，提高员工的思想觉悟。正是佛教传统文化，才使企业经营者不断地通过经营活动中的一些境遇不断完善自身，提高自己的思想境界，但也正是企业经营者的人格道德修养使他的企业能取得成功，可持续发展。在经济、科技高度发达和人们物质生活日益富裕的市场经济中，佛家的伦理道德越发凸显出重要性，它对经济活动中的人有很强的指导意义和启迪作用。

第二，佛家的因果论让人产生敬畏心理，能够遵循道德法则。因果论是佛家思想的核心内容之一。因果指的是"因缘"和"果报"。"因缘"生万法，而因为"因缘"必有"果报"。《楞严经疏》说，"圣教自浅至深，说一切法，不出因缘二字"。宇宙万物、天地间一切事物都是由因缘和合而成的，任何事物及现象都处在瞬息变化和生灭流转的过程中，他们的产生、存在和发展、变化和灭亡都是有原因的，一切都在因果的联系之中，因、缘、果相依存在。自然界、观念和人生也处在普遍的因果联系之中。人的生老病死、富贵贫贱、祸福寿夭乃至一言一行，都是自己种下的业因的结果，而今世的行为又是将来生活境遇的原因。佛家根据因果论说明宇宙万物发生、发展和灭亡的原因，论述了人生苦难的根源；而现世修行实践，则是改变这种因果命运的主观努力。因缘论否定了神灵、命运、偶然性对人生的主宰，把生活中的一切都看作自己的业报，强调善恶福罪的因果报应。既然一切都是处在因果链条中，那么欲求未来的幸福，是不能祈祷神灵或上帝的，只能依靠自己去行善。人们的行为必然会引起结果，善行就会得福报、得善报，恶行必然受恶报。佛家的因果报应论，善有善报，恶有恶报，明确告诉人们要行善求福、修善止恶，只有这样才可以拔苦得乐。人们自己掌握自己的命运，人们要完全对自己的生活和行为负责任。

佛家的因果论思想对现今市场经济中的生产行为有很强的约束和制约作用。如果是受佛家思想熏陶的商人，那么他们在经济生产中制造"毒奶粉""瘦肉精""地沟油""染色馒头""毒胶囊"等假冒伪劣的恶性食品的行为就会少很多。因为他们相信善有善报、恶有恶报。如果他们作恶多端，即使这辈子他们自己没有受到惩罚，但是自己的后代一定要承担恶果，一定要遭到报应和惩罚，这仅是时间的问题。他们会出于一种对"来世归宿"的恐惧而在此生不敢作恶。善恶因果律揭示的真理是，人们必须对自己的行为负道德责任，所以经济活动中的人们必然要有所收敛，为自己和自己的子孙积德。

佛家的因果报应论对在市场经济发展中人们对自然资源的掠夺和索取行为一定会遭到大自然的报复具有很强的震慑作用。人们为了扩大生产规模和产量，对自然资源随意掠夺，随便排放有害物质，造成环境污染严重、水土流失、生态失衡、气候变异，台风频发、旱涝灾害、酸雨袭击等，这是大自然对我们的报复，我们自己种下的因，一定有相应的果在等待我们。强化佛教的因果论思想会让人们在谋划发展的时候，不能顾此失彼，要前后联系、左右联系、上下联系，要有全面的思维。我们发展经济，扩大工农业生产规模和产量的同时，必须考虑保护和节约自然资源能源，防止对自然界各种资源的过度索取和开发，保护环境和生态平衡，我们必须着眼于经济的可持续发展，要兼顾人与社会、人与环境、当代人与后代人利益的各个方面，努力维护人与自然的平衡，实现人类与自然的和谐统一、协调进化。

总之，佛家的伦理道德可以归结为"诸恶莫作，诸善奉行，自净其意"，这是其根本的道德价值观念。人们要做善事，同时自净其意，最重要的是戒贪欲。人的欲望永远也无法满足，要求愈多，欲望愈强，内心就愈痛苦。人们要克制贪爱之心，节制各种非分的欲望，理性地看待财物。贪欲利令智昏，它让人不惜一切代价去抢夺别人的资产，让人随意挥霍资产、埋葬资产，让人疯狂地去积累资产，做葛朗台一样的守财奴。贪欲是经济发展的大碍，破坏市场经济秩序，威胁市场经济取得的成果。佛家伦理思想告诉我们，生命的价值不在于追求世俗的物质享乐，而在于内心的宁静和生活的淡泊，在于追求精神的完善和崇高的道德境界，从而使人们超越物质享受，获得一种持久和真实的快乐。

三、道家伦理对市场经济的作用

道家文化蕴含着博大精深的思想。《道德经》中说："道生之，德畜之，物形之，器成之，是以万物莫不尊道而贵德。"万事万物的生育成长，都依赖于"道"和"德"。道是最高信仰，道既是万事万物的本源，也是万物之根，万事万物生生变化的规律和原则，道的根本特点就是自然无为，自然而然。道是"万物之元首，不可得名者。六级之中，无道不能变化。元气行道，以生万物，天地大小，无不由道而生者也"[①]，道创造了万事万物，它不是实体，不是任何物质的存在。道家认为"德"就是有所得，得道。道家认为修炼就是要修德，修道必先立德，要修持善行以提高自身人格和道德情操。德是对道的体现，只有有德，才能得道，才能使自己依道而行。

道家倡导道和德，以道德为根本，对于我们今天的市场经济的健康和谐发展，有着巨大的现实意义。经济发展需要道德作为支撑，没有道德作为支撑，经济发展是跛脚的，是短视和不可持续的。我们在经济发展和物质生活改善的同时，万万不能抛弃精神境界的提升。道家文化对人在经济活动中的思维方式、价值观念、行为方式都会产生深远的影

---

① 王明．太平经合校［M］．北京：中华书局，1960：16．

市场经济运行中道德调节的两个维度研究——道德的时代性和道德的超越性

响,主要有以下几方面。

其一,道家主张人要"抱朴寡欲"。《道德经》讲"见素抱朴,少私寡欲",人不能被欲望所溺,要约束自己的欲望,不使自己的心灵被物欲遮蔽,对待物质财富要淡泊宁静。老子说:"咎莫大于欲得,祸莫大于不知足,故知足之足,常足矣。"① 道家并不是禁欲,它承认人们合理的物质欲望,认为为了人自身的生存和发展,适当的欲望是必要的,它只是反对奢靡的生活,希望人们不要有过分的贪欲。如果对于物质追求的过度奢靡,沉溺于物质享乐之中,人必将丧失人格道德,阻碍自己精神境界的提升,危害人的精神生命,最终整个社会畸形发展。《太平经》说:"日就浮华,因而愁苦,不竟天年。"过分的物质贪求,会使社会上层腐败风行、利益至上;使社会下层唯利是图,引发恶劣的连锁反应,导致资源枯竭,风气败坏,自然灾害频仍,人类生存受到威胁。"甚爱必大费,所藏必厚亡。故知足不辱,知止不殆,可以长久。"② 人的行为必须是有限度的,必须是适可而止,不应该有极端、奢侈的、过分的行为。这些理念对我们现今的经济人有很大的启发意义,人不仅仅追求经济利润,更重要的是人要有精神追求,人要提升自己的境界,一个真正的企业家不是唯利是图的商贩,他应该有更高的人生境界和价值追求,绝不是被物欲遮蔽了眼睛的人。

其二,道家主张人要有诚信。头顶三尺有神灵,人的言行都在神明的审视之下,人不应该也不能不讲诚信。《太平经》说:"人尽习教为虚伪行,以相欺殆,我独教人为善,至诚信,天报此人;人尽言天地无知,我独阴畏承事之,天报此人。"诚信即诚实守信,诚实指诚心诚意,不违背自己的良心,不欺骗人;守信即言出必行。《天平经》说:"天下之事,忠孝诚信为大,故勿得自放恣。""子欲重知其大信效,天道神灵

---

① 陈鼓应.老子今注今译[M].北京:商务印书馆,1984:245.
② 陈鼓应.老子今注今译[M].北京:商务印书馆,1984:241.

第四章 市场经济运行中道德调节的维度之二：道德的超越性

及人民相得意，相合与心，而至诚信不相得意则相欺。是故上古之人，诚信相得意，故上下不相欺；中古人半不相得意，故半相欺；下古之人纯不相信，故上下纯以相欺为事。故上古举事悉中，中古半中，下古纯不中，故危亡。"[1] 诚信是做人的根本，只有诚信于天道神灵，诚信于人，不互相欺骗，才能上下互相满意，才能心情舒畅、国泰民安。如果人们不讲诚信，互相欺骗，最终一事无成；诚信是相互的，你对他人不讲诚信，他人对你也会不信任，人们之间的诚信度就会越来越差，进入恶性循环的怪圈，最终导致社会秩序的崩溃。在经济行为中，如果不讲诚信，经营者之间就会尔虞我诈，交往成本必然增加，最后就会破坏交易规则，经济秩序崩溃。彼此诚信、相互信任，是人际交往的润滑剂，它减少了交往的时间，降低交往的成本。道家主张以诚信为本，言而有信，言出必行，这为我们社会主义市场经济伦理建设提供了重要的思想资源。

其三，道家提倡人要虚怀若谷，柔弱自守。老子讲："不自见，故明；不自是，故彰；不自伐，故有功；不自矜，故长。"[2] 不自我炫耀，所以能显明；不自以为是，所以能显著；不居功自傲，所以能成就，不自大自满，所以能长久。道教认为谦虚是人的一种高尚的品德，守弱就是不张扬，也只有这样才能保持理智冷静的心态。但是人往往自以为是、刚愎自用、固执己见，总认为自己比他人强，比他人有能力，以致居高临下、飞扬跋扈，尤其在拥有了钱财和权力之后，更容易忘乎所以。所以柔弱自守、虚怀若谷对于现代市场经济中的人来说，是一种非常重要的涵养和德性。当人们掌握了钱和权等资源时，其实这更是一份责任，钱和权不是仅为自己享受和贪恋的，而是要为社会创造更大的价值。一个人越是拥有钱和权等资源，他的责任应该更重大，越处于高位

---

[1] 太平经 [M]. 杨寄林，译注. 北京：中华书局，2013：1400.
[2] 陈鼓应. 老子今注今译 [M]. 北京：商务印书馆，1984：145.

之人越应该柔弱自守、虚怀若谷,保持理智冷静的心态,这对人们是一种考验,当一个人拥有钱和权后,不为钱和权所惑,出淤泥而不染,这才是真正的高人。市场经济中的每个人自身的人格素养决定了他在社会中的高度。

另外,柔弱自守可以作为企业的经营策略。柔弱自守并不是甘于软弱,并不是放弃竞争和锐意进取,而是以退为进、后发制人。经济竞争可以主动出击、先发制人,凭借实力主动向竞争对手争夺市场,也可以以退为进、避其锋芒、后发制人。老子说:"吾不敢为主,而为客;不敢进寸,而退尺。"[①] 在经济竞争中相对示弱,在很多情况下反而能取得更好的效果,"以其不争,故天下莫能与之争"。一味地示强,不一定是最好的竞争方式。道教"柔弱自守"的人生智慧给我们提供了以守为攻、以退为进的用兵之道,提供了现代企业竞争的方法,值得我们学习和体悟。

其四,道教主张人要与自然有整体感,强调人与自然的和谐。在老子哲学里面,道是天地万物的根源,宇宙间的一切自然之物都是以"道"为其最大的共性和最初的本源,从而构成了有机统一的整体。《道德经》认为:"万物负阴而抱阳,冲气以为和。"万物都是由阴阳共同组成,彼此相互联系、和谐相处。自然界的天地万物生存、发展的规律就是和谐的自然生化,不以人的意志为转移。人是自然界和天地万物的一部分,人与自然也应该是和谐一体的,并且要维持天地万物的这种自然、完美的和谐。在老子看来,道和由它而产生的天地万物都遵守循环往复的规律,都是在这种周期性的动态平衡之中维持其生存和发展的,因此变化发展的循环往复保证了天地万物的和谐,和谐是最根本的规律。

这一思想无疑对制定环境战略,建设生态文明有巨大的指导意义。

---

① 陈鼓应. 老子今注今译 [M]. 北京:商务印书馆,1984:325.

第四章 市场经济运行中道德调节的维度之二：道德的超越性

现今的工业越发展，自然环境越恶化。现代工业生产产生了过多的废弃物，污染和破坏了自然环境，使自然环境与生态失去了平衡。生态失去平衡，意即生物有机体自身的循环过程遭到破坏，任何一种循环和平衡遭到破坏，都会造成生态危机，直接威胁人类自身的生存。这主要源于近代工业发展是建立在"人对自然的征服"这一理念上，近代哲学家笛卡尔的"我思故我在"哲学理念的提出使得"主客二分"的思维方式得以确立，受哲学思维方式的影响，西方近代自然科学也强调对客体的分析，而不是强调主客的综合和整体感，因此工业经济的发展战略都以人与自然相分离为前提，而不是把他们看作一个有机整体。随着自然环境的恶化，现代科学家们越来越发现，要从根本上解决全球性的生态危机，关键是恢复人与自然环境相统一的整体观念。自然科学的事实表明，当生命的和一切具有持续发展能力的事物都是处在循环往复的动态平衡之中，自然会呈现出一幅和谐的图景。因此，我们在进行经济建设，增加国内生产总值的同时，要有自然万物一体的整体和谐意识，维护经济发展与人类生存环境的整体和谐，这样经济发展才能健康、稳定、可持续。尤其是企业经营者要节约自然资源，绝不能以破坏自然为代价来获取经济的发展。虽然企业赢利有赖于生产资料的增加，企业的生产资料其最终来源是自然界，但是自然资源具有有限性，因此企业的经济经营对自然资源的利用必须取之有度，减少浪费，有所节制；经济经营必须建立一种新的生产模式，改变粗放型生产模式，逐步向集约型模式转变，从而利用有限资源创造更多的物质财富。

道家文化，作为一种思维方式和价值观念，对现代经济发展的影响不是直接的，不能立竿见影，更多的是作用于人，改变人的思维方式和价值观念，让人更具有人格魅力，更有大智慧，让人成为与天合一的人，从而对现代经济行为进行影响。道家文化作为一种特殊的智慧，作为治疗现代病的良方之一，要在现代社会发挥积极的影响，需要一个现代的转化，需要人们长期坚持不懈地提高自己的认识，深刻体会、参悟这种智慧的精神实质，重要的是在实践中创造出具体的表现方式，实现悟道与实践的统一，知行合一。

中华民族在长期实践中培育和形成了独特的思想理念和道德规范，有崇仁爱、重民本、守诚信、讲辩证、尚和合、求大同等思想，有自强不息、敬业乐群、扶正扬善、扶危济困、见义勇为、孝老爱亲等传统美德。中华优秀传统文化中很多思想理念和道德规范，不论过去还是现在，都有其永不褪色的价值。[①] 中国经济的发展已经成为世界经济发展的引擎，我们也走向了世界舞台的中央，中国在世界的舞台上必将发挥越来越大的作用，以儒释道为主体的中华优秀传统文化也必将为经济的发展贡献自己的力量。如何把中华优秀传统文化中蕴含的伦理道德与现代化的市场经济进行有机的结合，建立中国特色的市场经济道德体系，并成为每个人的道德自觉，这值得我们思考与探索。

---

① 习近平. 论党的宣传思想工作 [M]. 北京：中央文献出版社，2020：114.

第五章 时代道德与超越道德协调并举

在市场经济的运行过程中，与市场经济相适应的时代道德和与市场经济互补的超越道德协调并举，共同为社会主义市场经济的繁荣可持续发展服务。时代道德与超越道德协调并举基于人的社会属性和精神属性。把马克思主义基本原理同中国具体实际相结合，弘扬时代道德；把马克思主义基本原理同中华优秀传统文化相结合，传承超越道德。

第一节 时代道德与超越道德的协调并举关系

道德是现实性与理想性的统一。道德根源于现实并受经济关系的制约，只有立足现实、面向社会生活、从实际生活中汲取养分的道德才能发挥其自身的功能和作用，同时道德具有理想性，必须引导现实，超越自身的现实性，从而形成现实的时代道德与超越道德的协调并举关系，这种关系主要表现为时代道德和超越道德之间的对立统一以及互补。

一、时代道德与超越道德的差异

第一，二者强调的侧重点不同。市场经济体制下派生的时代的道德与自然经济和传统计划经济派生的道德相比，总的来讲，是一种进步。强调时代道德的目的就是剥离与市场经济不相适应的自然经济和计划经济的道德观念，否定自然经济和传统计划经济中一些不合理的因素，批判在经济转型过程中权力与资本结合的怪胎现象。市场经济的逻辑起点是个人追求利益最大化，现代市场经济是一个开放的生产、交换、分配、消费系统，追求自己利益不能损害他人利益，利己的同时要利他，只有等价交换、平等互利才能推动市场经济健康发展，极端的损人利己的行为会破坏市场经济运行秩序。真实的市场经济动力机制实际上是一种平等互利、利己利他的耦合与平衡机制。平等互利必然会产生公平、双赢的竞争。等价交换、平等互利、公平竞争等不仅是经济领域的伦理，可以调整人与人之间的生产和交换的物质利益交往关系，也渗透到经济生活之外的政治生活、文化生活以及精神生活，并在政治生活、文化生活中体现出来，因为经济生活在社会生活结构中是最基本的，决定其他方面的生活。需要强调的是，以权谋私、权钱交易等不正之风的原因恰恰是因为违背了商品等价交换原则，社会主义商品经济发展不充分，而不能笼统地讲商品等价交换原则进入了政治领域。

社会主义的市场经济不仅极大地促进了社会生产力的发展，而且促进了人们思想观念的进步，对政治建设也有着巨大的推动作用。社会主义市场经济体制取代传统计划经济体制，那么市场观念、按劳分配观念、平等观念、竞争观念等也必然要取代传统的计划观念、平均观念、等级观念、与世无争观念等。高扬市场经济平等互利和公平竞争的道德观，既是对宗法制度、等级特权、平均主义大锅饭的否定，也是对假冒伪劣、权钱交易、权力经济的否定。如今我国市场经济在运行过程中，出现了很多不道德的现象，有很多人把此归咎于市场经济，认为是市场经济的发展导致了社会乱象丛生、道德观念滑坡，甚至否定市场经济的运作机制，贬斥人们进行的符合市场经济要求的行为活动。其实，这只是看到了事物的表面现象,根源来自人们总是拿计划经济体制的道德观作为审视和评价现阶段道德的标准,更重要的是人们没有看到目前乱象丛生的一个根本性原因是我们并没有建立起真正符合市场经济机制的道德规范,没有彻底地剥离不适应市场经济发展的传统计划经济道德观。在体制转换过程中,人们的思想出现各种问题,都是很正常的现象,观念的转变需要一个过程,市场经济的发展必然造成与市场经济运行相适应的道德原则与自然经济和传统计划经济的道德原则发生碰撞和冲突,新观念必然要在碰撞与冲突中得到确立,人都有故步自封和墨守成规的习性,没有人愿意主动放弃自己原有的观念,那只能在冲突和碰撞中放弃自己原有的观念,或者将原有的概念赋予新的时代内涵。总之,我们的任务就是要剥离旧有的道德观念,建立与市场经济相适应的时代道德规范,与市场经济体制的要求相吻合,让时代的道德规范为市场经济服务,这才真正符合马克思主义唯物辩证法。如果伦理学家希望人们抛开现实经济生活来达成某种道德共识或共同遵守某种理想的道德规范,则无异于让他们抓起自己的头发离开地球一样困难。[①]

强调超越道德的目的是弥补市场经济体制的缺陷与伦理的局限性。从经济发展的趋势和人类社会的进步来看,市场经济并不是人类最理想的经济形式,并不是经济形式的终结,它有一定的局限性。市场经济机制本身容易和人性的恶交织在一起,时代道德的伦理规范容易受到狭隘的功利主义的限制,难以实现对市场经济的引导,难以实现将经济人提升到社会人、将片面的人提升到全面的人的价值目标。西方现代化进程中就曾提出过"增长并不等于发展,富裕并不等于幸福"的诫言,这说明现代化的市场经济给超越的道德留下了很大的空间,需要超越的道德对人的经济行为进行批判和匡正,需要有超越的道德对市场经济进行引

[①] 王一多.道德建设的基本途径——兼论经济生活、道德和政治法律的关系[J].哲学研究,1997(1):6.

导和制衡。用超越的道德引导市场经济的发展，这样社会的发展才能走向更加进步的未来。即使市场经济体制确立了平等互利的时代道德观，平等互利成为这个时代的一般伦理道德观念，但这只是一个基本的起点，人的精神境界还有很大的提高空间和余地，从而实现人生终极价值。如一个商人凭借勤劳和诚实经营企业，完全遵循市场经济平等互利、公平竞争等道德规范，并且赢利颇丰。这时候，我们认为他是一位合法致富、讲道德的商人。如果这一商人出于自愿经常把盈余的钱拿来做慈善，出于道义对弱势群体进行关怀，那么这个商人是在自修和完善他自己的人格，他已经超越了纯粹的经济利益关系，是在实践他自己的信仰和人生观。其实，即使他不做慈善，我们认为他也是道德的，因为他合法致富，诚信经营；他做了慈善，我们认为他的人格更高大，他是一个具有爱心的人，是具有高尚人格的人。市场经济的市场法则要求等价交换、平等互利，但是市场经济法则并不强迫人们把"产"从此处转移到彼处，并不能抢夺他人对资产收益的处置权和分配权，只能靠人们的道德自觉、提高自己的思想觉悟去完成。因此，道德不仅反映现实的经济关系，还应该反映现实经济关系演变的趋势，实现对市场经济时代道德的超越。超越的道德，不是指那种超脱于市场经济之外的，脱离一定经济关系，凌虚蹈空的纯理想化道德，而必须是立足于市场经济，反映市场经济发展方向，并对市场经济的局限性有所制衡和补充的更高层次的道德。否则，超越的道德规范会空洞说教、流于形式，导致人们用理想化的道德去批判和否定市场经济，让我们再走回头路去摧毁市场经济发展取得的成果，阻碍市场经济体制的建立和完善。

　　第二，时代道德与超越道德的目标不同。时代道德的目标是"为己平等互利"，在利益交换中实现为己互利，以利益交换为内容、以不损人为条件，因此道德主体是求回报的，用契约来约束彼此的互利行为，道德主体为了利己必须利人，利己的同时利人。如果在非互利、非对等交换的利益关系中，自己之所得就是他人之所失。自己之所得大于他人之所失就是损人利己，反之就是损己利人。时代道德以"为己互利"为经济行为应当，杜绝损人利己和损己利人。而超越道德的目标是完善自己的人格，超越的道德强调的是一种更高层次的道德，是理想状态中的人应该具有的道德品质，是在尊重或不损害对方自主权益的行为中实现的为己爱人的行为，一个人对别人的关爱或善待行为本身就是在完善自己的人格。超越道德行为的本身就体现了爱人与人格完善两个方面，善待或关爱他人就是在完善自己的人格。超越的道德是一种爱人的行为，不受经济主体功利原则的限制，是不求回报的，也是不可交换的，更无须契约约束，只须自由选择地善待他人的行为。

第三，时代道德与超越道德的表现方式不同。时代道德以竞争为主旋律，以实现利益交换为目的，交易双方要讨价还价，交易双方都尽可能以最少的付出换回较多的利益，讨价还价的实质就是一种竞争性行为。在竞争的过程中，不能没有某种策略的考虑，但在市场游戏规则、供求关系和交易双方为了自利而交换的约束条件下，人们只能按双方同意的价格即市场均衡价格成交，最终实现平等互利。而超越的人格道德是以完善自我人格为目的的善待他人的行为，不具有竞争性。践行人格道德不是为了与他人进行利益竞争，而是为了展现或实践个人的人格品质。人格道德必须是表里如一、真诚笃行的行为，不能有策略的考虑。人格道德是个人自觉修养的、矢志不渝的、习惯性的、始终坚持的行为，不是时作时废、朝三暮四的"机会主义"行为。

时代道德和超越道德实际上是同一道德体系中的不同层次的道德，并非两种性质对立的道德。如果把时代道德和超越道德放在一个层面上，势必会造成时代道德与超越道德的对立冲突，要么走向绝对个体自利，带来资本主导一切，导致弱肉强食，要么是绝对大公无私的雷锋精神——用雷锋精神来消解市场经济的动力机制这一非此即彼的局面。而合法致富的商人做慈善事业这一事实已经证明,两种道德不在一个平面,而是上下贯通、不可分割的不同层次的道德。从道德所反映的内容来看,时代的道德反映的是现实的经济关系,建立在现实的经济关系的基础之上,并为维护现实的经济关系服务,强调经济体制与道德的统一性,这是广大社会成员普遍实行的道德,具有时代特色和广泛性;超越道德反映的是现实经济关系发展的方向和趋势,强调市场经济体制与道德的互补性,这是部分有更高精神追求的人所践行的道德,具有提升性。只有将时代的道德与超越的道德结合起来,道德才能既服务于现实,又超越现实;既维护社会主义市场经济,又反映对未来的追求;既能告诉人们现在普遍遵行的是什么,又能引领人们走向应当是什么;只有结合起来,才能形成强有力的道德精神,有效地遏制落后的道德和扭曲的道德观,才能从道德的不同层面上为现实社会向更先进的未来社会过渡创造条件。

二、时代道德与超越道德交叉互渗

时代道德和超越道德相互区别,但也交叉互渗,只有把握它们交叉互渗的关系,才能更好地发挥二者的互补性质。

第一,超越的道德以时代道德为基础。超越的道德必须以时代的道德为起点和基础,时代的道德是基础性道德,超越的道德的践行必须以时代道德要求的普遍遵守的行为为依托。经济伦理在各个领域的伦理中具有基础和核心地位,等价交换和公平竞争这两条经济伦理原则也相应决定了平等互利和公平竞争是一般社会伦理的基本原则和核心范畴。如果一个人在生活中连起码的平等互利、互尊互爱、按劳取酬都做不到,那他就不可能有健全的人格,他更不可能做到大公无私、全心全意为人民服务,也不可能具有高尚的情怀;如果一个社会连起码的公平竞争、平等互利的道德氛围都没有,而是以权谋私和权钱交易泛滥,那么同情他人、爱人如己的超越的道德就不可能在全社会倡导起来,也不可能有很多人参与慈善活动。时代道德遵守得越好,超越道德才越有可能被接受,不产生在时代道德基础上的超越的道德是无根之木,发挥不出良好的功效。

第二,时代道德需要升华到超越的道德。时代道德必须以超越性道德来引导,超越的道德代表着道德发展的方向和趋势,如果没有超越性道德的引导,时代道德就会缺乏生机和活力。只有在普遍推行时代道德要求的同时,积极倡导超越性道德,才能对广大群众起到感召、激励和航标的作用,从而才能不断提高人们的精神境界,促进社会进步发展。人们的觉悟是不断发生变化、不断进步的,人们的思想境界是不断提升的,对超越道德的追求,充分体现人们的主观能动性,体现道德的发展趋势和事物运动的规律。如果在市场经济中,平等互利的道德原则不提升和升华,势必会蜕变,超越不了狭隘功利主义的限制,最终使得人们容易失去自我,成为有形物质的奴隶。

第三,超越的道德可以转化为时代道德,而且这种转化有利于市场经济时代道德的实现。超越的道德本身没有图利的目的,没有任何直接的功利目的。一个人诚信、孝顺、仁爱,这是他的人格品德,他诚信、孝顺等并不是因为他主观上想求得回报,想用人格品德去图利,而只是他单方向地爱人、尊重人、不损人,并不是利益交换关系。但是,人们努力追求超越的道德,提升自己的境界,完善自我的人格,最终还是要融入社会,不可能足不出户,闭关修炼,远离尘世。理性的经济人努力修养自己的品德或美德,追求自我人格的完善,最终还应该融入社会,能够被其他社会成员所接纳,达到与人友好相处、和谐共事,取得自己利益的结果。每个人追求人格美德的结果,导致了人们之间的互爱关系,最终取得了利益,这是人格道德行为产生的客观效果,而不是行为者的主观目的。人们追求超越的道德，完善自我人格，最终的结果是个人很好地融入社会，实现了自己的经济利益。概而言之，人们追求超越的人格道德，客观上转化为一种资本，可以带来经济利益。当人格道德表现在经济行为中时，超越的人格道德与时代道德融为一体。正如亚当·斯密在1759年发表的《道德情操论》中指出："自爱、自律、劳动习惯、诚实、公平、正义感、勇气、谦逊、公共精神以及公共道德规范等，所有这些都是人们在前往市场之前就必须拥有的。"[1] 市场经济活动参与者个体的人格道德素养，为市场经济活动中的行为选择提供道德基础，维持和保障市场经济正常人际关系和社会秩序。

第四，经济发展、时代道德、超越道德三位一体。市场经济的可持续发展，不仅需要与之相适应的时代道德，而且需要超越道德对之进行引导。经济发展与时代道德、超越道德是三位一体的，是一个链状结构，构成系统的循环和自洽，互相影响，三者缺一不可，其中任何一环出了问题，链条就会中断，事物就不可能持续存在。由于超越道德的理想性和超越性，人们往往忽略超越道德在经济发展中的作用，其实超越道德更要服务于市场经济的发展，否则链条断裂造成社会失衡发展。超越道德必须为经济社会存在服务，如儒释道文化蕴含的丰富的伦理道德资源，要为现实经济社会发展服务，是经济社会发展的重要支点。如果持超越道德的人群只顾追求理想世界而不顾社会现实，与现实的社会发展割裂，那么该超越道德也是社会发展的桎梏。社会存在需要可持续发展，不能因为追求虚无缥缈的幸福就放弃现实世界的幸福，人格道德要转化为一种经济道德，通过努力提升自身，创造美好幸福生活。文化信仰不能离开现实社会去仅仅追求超越世界的幻想中，不能总处在超越世界和现实世界非此即彼的二元对立中，应该把超越道德作为自身的加速

---

[1] 科斯，阿尔钦，诺斯，等.财产权利与制度变迁[M].上海：上海三联书店，1991：38.

器积极参与到现实社会经济生活中,用双手努力创造幸福的生活,其实这并不妨碍他对超越世界的向往。经济发展、时代道德、超越道德这三者相互促进,互为条件,周而复始地循环往复,螺旋上升,持续发展。

第二节 时代道德与超越道德协调并举的人学意义

任何一种经济体制都蕴含着某种伦理道德规范和标准,其实也是一种伦理道德和文化体制。作为一种伦理道德和文化体制的市场经济,它的伦理道德标准与市场经济体制对人的要求以及人性有着直接的关系。人的社会属性必然要求个人随着社会关系的改变而改变自己的表现形式;同时,人也有精神属性,人要保持自身对生命意义和价值的追寻,不断完善自我和超越自我,人的这些属性促成了在市场经济中,人不仅要有时代的道德规范,也要有超越的道德规范,共同支撑市场经济的可持续发展。

一、人的社会属性

历史的发展过程即个人自身力量的发展过程。人,首先是作为有生命的个体而存在。作为有生命的个体,人的第一个需要,即支配每个人的行为的需要便是人的自然生存需要。无论是过去还是现在,每个人始终从自己出发。他为了满足自己的自然生存需要,就必须进行物质生活资料的生产。人的自然生存需要决定了人的生产需要,他们就必须结成一定的社会关系去劳动,以取得生活资料。"为了进行生产,人们相互之间便发生一定的联系和关系,只有在这些社会联系和社会关系的范围内,才会有他们对自然界的影响,才会有生产。"[①] 这种社会关系使得

---

① 马克思恩格斯选集:第一卷[M].北京:人民出版社,1995:344.

他从自然界得到的人性日益社会化。人不同于动物的主要特性亦即人性主要体现为人的社会属性。人所特有的劳动产生了人所特有的社会性，人类的生产劳动发展水平制约着人们的社会关系，而生产劳动发展水平和社会关系又共同制约和形成特定社会形态下的个体的发展状况，即个人的社会本性。个人的每一种生物本能都不得不通过特定社会形式来实现，从而形成决定他的本质的社会本性。使用自然形成的生产工具进行生产的时候，个人的社会性表现为个人从属于狭隘的共同体，个人没有独立性和个性；使用文明创造的生产工具进行生产的时候，个人的社会性表现为人具有独立性，开始关注自身的利益。

自然经济的瓦解带来了市场经济的发展，在这个过程中，大量的原先依附于土地、庄园的农业生产者转变为具有独立人格的自由劳动者。他们之所以获得独立性，是因为他们自身成为商品。作为靠出卖劳动力商品谋生的个体，他具有了以前从未有过的社会属性——人身自由——在法律上平等，独立自主意识，特别是对个人利益的追求，市场经济成为这些新道德的生长点。以前的人是没有独立性的，现在的个人却有了独立性，关注自身利益。这样的个人及其特殊的人性即社会性，从根本上说，是商品货币关系占支配地位的产物，是市场经济的产物。市场经济塑造出了具有上述社会属性的个人，这些个人又只有使自己适应市场经济环境才能生存下去。而保证个人能够适应市场经济的最根本的游戏规则就是接受和遵循利益驱动，从市场经济的运行来看，利益驱动是市场机制的必然表现。利益驱动是他成为商品生产者或商品交换者必须遵循的，为了最大限度实现他的商品的交换价值，他必须权衡利害得失，以经济利益作为交换活动的主要准则。

亚当·斯密认为交换是借助利己心（利益）来实现的。利己心是交换关系得以形成的纽带。"他如果能够刺激他们的利己心，使有利于他，并告诉他们，给他做事，是对他们自己有利的，他要达到目的就容易多了；不论他是谁，如果他要与旁人做买卖，他首先就要这样提议：请给我所要的东西，同时，你也可以获得你想要的东西。"① 交换只能立足于利己心之上，正是人的利己本性决定了交换这种自然现象。斯密所谓的"看不见的手"正是人出于利己心对自身的利益和私利进行计算，人会自然地选定最有利于社会的资本用途。斯密的经济人人性假设认定人的利己心是市场经济的范畴和机制得以存在的根据。马克思也认为，在商品交换领域，买卖"双方都只顾自己，使他们连在一起并发生关系的唯一力量，是他们的利己心，是他们的特殊利益，是他们的私人利益"②。可见，随着生产关系的变化，人的社会属性也在发生变化，人在市场经济中不得不转变自己的社会属性，开启自己的利己心去适应市场经济这一社会环境。换句话讲，市场经济开启了人本有的利己心，使自我意识凸显，人摆脱了神对人的束缚和控制，开始在世俗社会找到一种新的自我。从某种程度上说，文艺复兴的人本主义思想就已经为市场经济开启人的利己心做了很好的思想铺垫和准备。西方人本主义弘扬人的理性、知识的力量，人的价值、意志自由、个性凸显出来，人摆脱了神对人的束缚，不再把来世、天堂、彼岸的幸福作为唯一，转而开始注重尘世幸福和现世的生活。对现实生活和感官欲望满足的追求，对科学理性的倡导，唤醒了在中世纪被压抑和沉睡多年的人的自我意识。

然而，人在追寻自我的过程中，过犹不及，又使人迷失了自我。西方近代理性、科技、知识的扩展带来了对科技的崇拜和科学主义的泛滥，人的一切生活都被理性化，人在摆脱神对人的束缚过程中，走向了另一个极端，人又被理性、科技和物质奴役着。人的理性价值的实现和理性意义的挖掘，使得人的精神世界被忽视，人失去了其自身的存在，造成了人性的失落和人自身的危机。人已经成为工具和手段，人的一切

---

① 亚当·斯密. 国富论（上册）[M]. 北京：商务印书馆，1979：13.
② 马克思. 资本论 [M]. 北京：人民出版社，1975：199.

行为以物为标尺来衡量。人强烈地依附于物，成为物质的奴隶。本来一切创造的物质都是为人服务的，物的存在本来是为人服务的，隶属于人的，然而人却受物的束缚和控制，物已经凌驾于人之上，成为人的目的，功利贪欲绑架了人，人内在的人性不再健全，人的心理情感空虚。"人创造了一个前所未有的人造物的世界，人建成了一个管理着人所创造的技术机器的复杂的社会机器，然而，他的这种全部创造却高于他，站在他之上；他并不觉得自己是创造者和中心，而只觉得是一个他双手创造的机器人的奴隶，他发挥出来的力量越是有力和巨大，他越是觉得自己无力成为人。"[1] 西方世界目前正处在一个异化的时代中，人们在技术和工业无限扩张的重压下喘不过气来。现代人一踏入社会就忙于应付日常社会生活，丧失了自我。尼采特别厌恶现代工业化社会中那种急促的生活节奏，将它视为典型的自我沦丧现象。他认为在这种生活背景下，人人都为某种外在的事物而忙碌和生存，不再关注自己的内心生活，人的意义便没有了着落。他的所谓自我就是指一种充实的内心生活，而这恰恰是现代人所缺乏的。西方理性文化建设的片面性造成了工业科技虽然发达，但人的内心生活却极度贫乏，人性缺失。中国改革开放40多年，经济发展突飞猛进，在经济发展过程中也存在很多西方现代化过程中出现的类似问题，我们的道德建设要充分吸取西方文化建设的教训，使人朝着全面发展的方向塑造自己，人不仅要随着人的社会属性的变化而变化，还要有一部分人之为人的本质属性和精神属性是不能改变的。道德建设的最终目的和原则就是为了人的全面发展，人不仅仅是物质外在的，还是精神内在的，两方面同时发展。西方社会发展过程中所出现的单面人现象足以敲响我们的警钟。在发展物质文明的过程中，在开启人的利己心的同时，不能以牺牲精神文明为代价，不能抹杀

---

[1] 弗洛姆，纪辉，高地. 资本主义下的异化问题 [J]. 哲学译丛，1981（4）：68-75.

人之所以为人的本质部分，这是需要被传承下来的。

二、人的精神属性

马克思曾在《资本论》中说："蜘蛛的活动与织工的活动相似，蜜蜂建筑蜂房的本领使人间的许多建筑师感到惭愧。但是，最蹩脚的建筑师从一开始就比最灵巧的蜜蜂高明的地方，是他在用蜂蜡建筑蜂房之前，已经在自己的头脑中把它建成了。"正是有意识的生命活动把人同动物的生命活动直接区别开来。人是万物中唯一能够思维的存在物，真实的人等于思维着的精神，精神生命是人与动物的本质区别所在。马斯洛也深刻地指出："精神生命是人的本质的一部分，从而，它是确定人的本性的特征，没有这一部分，人的本性就不完满；它是真实自我的一部分，人本身的一部分，人的族类的一部分，完满的人性的一部分。"[①]总之，人的精神属性是人性中最为光彩的一部分。人的精神属性包括自我意识，如目的性、创造性、理性、意志以及精神追求等，它具体表现为两方面：

第一，人要遵守最基本的道德规范。道德不仅是为经济基础服务的观念形态的上层建筑，它还是人生存和发展的经验和智慧的结晶。人的道德境界是人的精神生命的高级存在形式，是人的最深刻的本质的反映，是人性的表征和明证，是人有别于兽类的最本质的表现。如果连最基本的道德规范，如人的善良、公正、亲和、同情心等品德也不具备，人和兽类就没有什么区别。这些道德规范是人在社会中相互依存，进行人际交往必须遵循的最基本的原则。这些原则是不随着时代的变化而变化的，是一个人成为人所要具备的品德。一个人只有认同、接受这样的基本品德，才能更好地融入社会生活，人际交往才得以顺畅进行。道德

[①] 马斯洛. 人的潜能与价值[M]. 北京：华夏出版社，1987：223-224.

在此意义上就是人与人交往处世之道，跟时代特征无关，超越了任何时代。"就最普遍的意义而言，承认自身为道德共同体中的成员，也就是承认自身为人的一员，而违背基本的道德规范，则意味着将自身从人中分离出去，人们常常以简直不是人来谴责某些道德败坏者，这种谴责中亦蕴含对自我认同与接受规范之间关系的肯定：道德败坏者的行为表明他们已无法被归入人这一共同体之中，反过来，也正是由于缺乏人的认同，使他们不可避免地拒绝，背离人这一道德共同体中的规范。"[①] 人对共同基本道德的遵守其实就是人做到了人该做的事情，我国儒家确立了以"仁"为本的道德规范，"仁"是在群体中人们共同的道德，也是人最根本的属性，"仁者，人也"，"仁"是人之为人的根本，是人兽区别的唯一标志。基本道德规范的确立，才使得人与人之间免除了动物之间的弱肉强食，而变为互助相帮，礼尚往来和富有人情味，确保了人成为有价值的人，避免了人向动物的退化。超越的道德是人所独有、确证人之为人的一个重要依据和标准。

亚当·斯密认为人的本性中存在一种同情或怜悯他人的情感，斯密说："无论人们会认为某人怎样自私，这个人的天赋中总是明显地存在着这样一些本性，这些本性使他关心别人的命运，把别人的幸福看成自己的事情，虽然他除了看到别人的幸福而感到高兴外，一无所得。这种本性就是怜悯和同情，这种情感同人性中的所有其他的原始感情一样，绝不只是品行高尚的人才具备。"[②] 这种同情心和怜悯心是个人的品德和美德，这种美德没有利己与利他之分，仅仅是关于自身的道德人格。像西方基督教文化影响下的所形成的博爱精神、背负十字架的精神道德境界和中国儒、释、道文化产生的相应的精神道德境界都关涉人的道德

---

① 杨国荣. 伦理与存在——道德哲学研究［M］. 上海：上海人民出版社，2002：133.
② 亚当·斯密. 道德情操论［M］. 蒋自强，等译. 北京：商务印书馆，1997：5.

人格。此种道德不随时代的变化而变化，是人的本性中高尚的部分，永远不会过时，具有超越性。如人在社会的各种境遇中容易产生浮躁、嫉妒、愤怒、挑剔、计较、失落、懊恼等负面情绪。而经过儒释道等文化熏陶的人会认为这些都是人生修行的大敌，是提高自身境界的铺路石。不断提高自身境界，成为更好的自己，这体现了人生的终极意义和最高价值。越能体现人生意义和内在价值的行为，越具有道德的超越性。为了实现崇高价值理想而不计个人利害的道德精神，具有永恒的魅力，永远值得我们传承下去，不会随着时代的发展和时间的推移而被抛弃。

　　第二，人的精神具有升华性，人要不断地提升自我，完善自我的人格。人自从有了精神生命，人的生存就逐渐由主要依赖于肉体的体能而转为主要依赖于人的精神创造，人的发展不再只表现为生理的进化而是更多表现为人的精神完善与提高，人的快乐和幸福的主要内容不再只是肉体需要的满足而更多的是精神价值的实现。人总是在追寻生命的意义和价值，人对生命意义、生命价值的追求是人的终极目标，在这一追求过程中，人会受到很多的诱惑和羁绊，尤其是随着经济现代化的发展，钱、权、色、利、情的筹码在加大，人难抵世俗的诱惑，人挑战自我、超越自我的难度在加大，但人还是要追寻终极的意义，体现人的精神追求。人永远处于不断超越自我、提升自我、完善自我，从现实我向应然我攀升的过程中。当个人非理性的情欲或不合理的私欲膨胀时，用道德境界来约束自己、调整自己、驯服自己的贪欲和邪念，这就是人挑战自我，完善自我人格的过程，否则顺着非理性进行下去，最终将损害自己的尊严和价值。道德境界也并不是要根绝人的情欲与私利，并不是禁欲，而是要为他们寻找到真正有效而快乐地满足的渠道。这一过程体现了人的一种自我超越、自我提升、自我实现或自我转变。正如张世英先生把人的精神境界，按其实现人生意义、价值的高低标准和人生在世的在世结构的发展过程分为四个等级：第一个等级，即最低的境界，是欲求的境界，人在这种境界中，只知道满足个人生存所必需的最低欲望，《孟子》中所谓"食色，性也"，大概就是指的这种境界。这种境界，其"异于禽兽者几希"，这种境界的人，其与世界的关系属于"原始的不分主客"的"在世结构"；第二个等级，是"求实的境界"，这种境界，人有了自我意识，人不再满足于最低的生存欲望，而是更进而要求理解外在的客观事物的秩序——规律；第三个等级就是"道德的境界"，对于人与人之间相通的领悟，使人产生同类感，领悟到人与人之间的相通，领悟到人与自然物之间的相通，但此时现实和理想仍然存在着距离，主客尚未达到最终的融合为一；第四个等级就是道德的实现和完成，即道德境界的极致，也是道德境界的结束，达到审美的境界，属于高级的主客融合的在世结构，包摄道德又超越道德、高于道德。在审美境界中，人不再为了应该而做某件事情，而是完全处于一种人与世界融合为一的自然而然的境界之中。[①] 人生就处在不断提升自我的精神境界之中，人生就是在爬坡，不断迈向更高的层次。其实，各大宗教中强调神与人之间的差异性，无非是刻画了人的一种自我分裂，作为自然存在者的人与作为灵性存在者的分裂，作为实然的人与作为应然的人的分裂，作为处于日常生活状态中的人与作为处于理想状态中的人的分裂；人性的自我分裂无非是达到人性重新整合的一种手段，人类之所以强调信仰的超越性，乃是为了在自己的种种创造性活动中消解这样一种超越性，人类之所以反思自己人格中的这样一种二重性，乃是为了把自己理想的一面充分地实现出来，亦即把自己身上的神性充分展现出来。[②] 其实，这些都体现了人的精神境界的自我攀登。随着经济现代化的发展，人的精神的自我攀登的难度和复杂度比以前更为巨大。人摆脱了神的束缚，向人自己本身复归，人因神的束缚而失去的内容归还给人；但在这一摆脱的过

[①] 张世英．境界与文化——成人之道［M］．北京：人民出版社，2007：279．
[②] 段德智．宗教学［M］．北京：人民出版社，2010：194．

程中，人又面临了其他的困扰和羁绊，人还得摆脱世俗物质的羁绊，重新获得自己的人性和本质，人既要摆脱无形的神对人的束缚，又要摆脱有形的世俗物质对人的束缚，才能最终达到人的全面自由解放。人永远活在过程中，永远活在挑战中，无限逼近目标，却永远不到。

第三节 时代道德与超越道德协调并举的基础——坚持"两个结合"

习近平总书记在党的二十大报告中强调，"只有把马克思主义基本原理同中国具体实际相结合、同中华优秀传统文化相结合，坚持运用辩证唯物主义和历史唯物主义，才能正确回答时代和实践提出的重大问题，才能始终保持马克思主义的蓬勃生机和旺盛活力"[①]。"我们的社会主义为什么不一样？为什么能够生机勃勃、充满活力？关键就在于中国特色。中国特色的关键就在于'两个结合'"[②]。我们既需要时代的道德，也需要超越的道德，时代道德和超越道德的协调并举也是基于我们坚持"两个结合"。

一、把马克思主义基本原理同中国具体实际相结合，弘扬时代道德

习近平总书记在省部级主要领导干部学习贯彻党的十九届五中全会精神专题研讨班上的讲话中指出："就理论依据而言，马克思主义是远大理想和现实目标相结合、历史必然性和发展阶段性相统一的统一论

[①] 习近平．高举中国特色社会主义伟大旗帜 为全面建设社会主义现代化国家而团结奋斗——在中国共产党第二十次全国代表大会上的报告［M］．北京：人民出版社，2022：17．

[②] 习近平．在文化传承发展座谈会上的讲话［J］．求是，2023（17）：2．

者，坚信人类社会必然走向共产主义，但实现这一崇高目标必然经历若干历史阶段。我们党在运用马克思主义基本原理解决中国实际问题的实践中逐步认识到，发展社会主义不仅是一个长期历史过程，而且是需要划分为不同历史阶段的过程。"① 坚持以马克思主义为指导，是要运用其科学的世界观和方法论解决中国的问题，而不是要背诵和重复其具体结论和词句，更不能把马克思主义当成一成不变的教条。建立与社会主义市场经济相适应的道德观念，坚守道德的时代性，就体现了一切从实际出发，解放思想、实事求是、与时俱进。

马克思在《共产党宣言》中讲过，资产阶级在它的不到一百年的阶级统治中所创造的生产力，比过去一切时代创造的全部生产力还要多、还要大。资本主义社会取代封建社会是一种历史进步，极大地解放和发展了生产力。但是在以私有制为基础的资本主义社会里，存在着生产资料私人占有与社会化大生产的矛盾。这一基本矛盾在资本主义社会范围内是无法最终得到解决的，必然成为资本主义发展的桎梏。人类社会要继续向前发展，就必须建立以生产资料公有制为基础的社会主义社会，最终建立共产主义社会。因此，社会主义社会和共产主义社会代表了人类社会的发展方向和进步潮流。而中国共产党的最高理想和最终奋斗目标就是实现共产主义。共产主义社会以消灭资本主义制度为前提，以社会主义的高度发达和充分发展为基础。共产主义社会将是物质财富极大丰富、人民精神境界极大提高、每个人自由而全面发展的社会。共产主义是人类最美好、最理想、最进步的社会，是全人类所向往的最高级的社会发展形态，体现了人类社会的发展规律，反映了人民群众的根本利益。中国共产党坚信马克思主义关于人类社会必然走向共产主义这一基本原理，并且以实现共产主义为最高理想和终生的奋斗目标。共产党按

---

① 习近平.把握新发展阶段，贯彻新发展理念，构建新发展格局［J］.求是，2021（9）：1.

照先进性的要求，在现实实践中走在时代前列，走在群众前列，引领时代潮流，带领广大人民群众推进经济、社会以及人民自身的全面发展。

中国特色社会主义的高级阶段共产主义的实现是一个非常漫长的历史过程。我们现在仅仅处在社会主义的初级阶段，共产主义只有在社会主义社会充分发展和高度发达的基础上才能实现。改革开放以来，我国从计划经济向市场经济转型，我们意识到，计划经济不等于社会主义，资本主义也有计划；市场经济不等于资本主义，社会主义也有市场。计划和市场都是经济手段。在社会主义市场经济的推动下，我国从一穷二白的社会主义国家实现了从站起来、富起来到强起来的伟大飞跃。中国特色社会主义进入新时代，我国社会主要矛盾已经转化为人民日益增长的美好生活需要和不平衡不充分的发展之间的矛盾。虽然中国社会的主要矛盾变化了，但是并没有改变我们对中国社会主义所处历史阶段的判断，中国的基本国情没有变，中国仍处于并将长期处于社会主义初级阶段，人口多，底子薄，地区发展不平衡，生产力发展水平低，经济文化比较落后，经济制度还不够完善。目前，社会主义市场经济体制仍然存在一些问题，市场竞争还有待进一步深化，要素市场还不够发达，市场主体的活力还受到一定的束缚，还需要继续深化改革。

恩格斯说："一切社会变迁和政治变革的终极原因，不应当到人们的头脑中，到人们对永恒的真理和正义的日益增进的认识中去寻找，而应当到生产方式和交换方式的变更中去寻找。"[①] 习近平总书记在纪念马克思诞辰二百周年大会上指出："生产力和生产关系、经济基础和上层建筑相互作用、相互制约，支配着整个社会发展进程。解放和发展社会生产力是社会主义的本质要求，是中国共产党人接力探索、着力解决的重大问题。新中国成立以来特别是改革开放以来，在不到七十年的时间内，我们党带领人民坚定不移解放和发展社会生产力，走完了西方几

[①] 马克思恩格斯全集：第二十六卷[M]. 北京：人民出版社，2014：284.

百年的发展历程，推动我国快速成为世界第二大经济体。我们要勇于全面深化改革，自觉通过调整生产关系激发社会生产力发展活力，自觉通过完善上层建筑适应经济基础发展要求，让中国特色社会主义更加符合规律地向前发展。"① 因此，我们更加需要坚持社会主义市场经济改革方向，加快完善社会主义市场经济体制，要坚持理论联系实际，建立与社会主义市场经济相适应的道德观念，自觉通过调整生产关系激发社会发展活力，推动中国经济稳步迈向高质量发展阶段。

2018年3月7日，习近平总书记在全国两会中参加广东省代表团审议时强调，以改革创新为核心的时代精神，是马克思主义与时俱进的理论品格与中国特色社会主义建设的实践相结合所形成的宝贵精神财富，是实现中华民族伟大复兴中国梦的关键一招，是中国共产党永葆青春的必然要求。改革创新是发展进步的基础，这是一个不以人的意志为转移的、放之四海而皆准的客观规律。如果保守僵化，安于现状，就必然导致落后甚至衰亡。创新是一个民族的灵魂，是一个国家兴旺发达的不竭动力，也是一个政党永葆生机的源泉。我们要大力弘扬与时俱进、锐意进取、勤于探索、勇于实践的改革创新精神，争当改革的坚定拥护者和积极实践者，用自己勤劳的双手在改革实践中创造更加幸福的生活。我们改革的基本取向是建立和完善社会主义市场经济体制，我们改革的目的是把我国建设成为社会主义现代化强国。社会主义市场经济体制的完善，社会主义现代化的实现，都需要大胆地开拓创新，改掉旧的、不合理的部分，使其更合理完善，并开创新的事物。民主、法治、公平、正义、诚信、友善、和谐等是我们这个市场经济时代所要发扬的道德规范，是这个时代的特色和鲜明的指征。

民主法治是社会主义市场经济的内在要求，只有发展社会主义民主政治，保证人民依法行使民主权利，体现人民在国家中的主人地位，才

---

① 习近平著作选读 [M]. 北京：人民出版社，2023：163.

能使人民群众和各方面的积极性、主动性、创造性更好地发挥出来，形成实现社会主义现代化的强大主体力量，为市场经济注入活力。同时，市场经济需要公平正义、诚信友爱，这都是与市场经济相适应的道德基础。公平正义的核心是机会公正、规则公正和分配公正，维护和实现社会公平和正义，这与市场经济的初衷——藏富于民在本质上是吻合的。发展市场经济给诚信友爱提出了严峻挑战。如市场经济以交换为核心，本质上是一种人类分工合作秩序不断扩展的过程。市场经济的发展依赖市场交易半径的扩大，市场需要把分工合作从家庭范围拓展到家族之间和村庄之间，再进一步拓展到地区和国家之间。那么分工的人们彼此要尊重相互的产权，平等交换，它必然首先要求人们之间建立基本信任关系，从而形成一定的社会共识。彼此之间越信任，分工就越发达，交易成本就越低，如果信任关系微弱到使交易成本高于分工与交换所能得到的好处时，合作秩序的扩展就停止了。普遍信任的建立对市场经济的分工和交易规模的扩大起着决定性的作用。而我们的文化是建立在血缘基础之上的文化，我们的信任根源于血缘的关系，只信任自己的血缘和家族，离开了血缘和家族，信任的程度就会打折扣。以自己为许多人伦"同心圆"的圆心，渐次外推以至"天下"，这样的"爱有差等"的信任观必然限制了市场分工和交易规模的扩大，市场半径的扩大非常有限。而信用经济是社会主义市场经济的一个基本特征，诚实守信是社会主义市场经济的主要道德支柱之一，是一切社会经济活动中应当严格遵守的道德底线。因此，我们需要转变观念，实事求是，建立与市场经济相适应的普遍信任观念。我国的社会主义市场经济虽然不同于资本主义市场经济，但毕竟具有市场经济的共性，各成员之间都享有平等的基本权利，彼此相互尊重个人的主体性和人格，克服一切小集体的封闭性，才使普遍信任的建立成为可能。只有建立与市场经济相适应的道德规范，建立时代道德，才能使市场经济更为健康完善。

二、把马克思主义基本原理同中华优秀传统文化相结合，传承超越道德

文化是一个国家、一个民族的灵魂。中华优秀传统文化是中华文明的智慧结晶和精华所在，是中华民族的根和魂，是我们在世界文化激荡中站稳脚跟的根基，是实现中华民族伟大复兴的强大根基和不竭动力。"马克思主义传入中国后，科学社会主义的主张受到中国人民热烈欢迎，并最终扎根中国大地、开花结果，绝不是偶然的，而是同我国传承了几千年的优秀历史文化和广大人民日用而不觉的价值观念融通的。"[①] 中华优秀传统文化赋予中国特色社会主义鲜明民族特色，是中华民族的突出文化优势，是我们最深厚的文化软实力，是发展当代中国马克思主义的丰厚滋养。习近平总书记在党的二十大报告中指出，"中华优秀传统文化源远流长、博大精深，是中华文明的智慧结晶，其中蕴含的天下为公、民为邦本、为政以德、革故鼎新、任人唯贤、天人合一、自强不息、厚德载物、讲信修睦、亲仁善邻等，是中国人民在长期生产生活中积累的宇宙观、天下观、社会观、道德观的重要体现，同科学社会主义核心价值观主张具有高度契合性"[②]。把马克思主义基本原理同中华优秀传统文化相结合，就是要努力从中华优秀传统文化中汲取营养和智慧，挖掘中华优秀传统文化中同科学社会主义主张高度契合的内容。

第一，共产主义道德目标作为引领社会发展的超越性准则，规定了社会发展和人际关系的方向和目标。每个人在生产劳动实践中形成了人与人之间的生产关系、交换关系、劳动成果的分配关系，也形成了劳动

[①] 习近平. 坚持和完善中国特色社会主义制度　推进国家治理体系和治理能力现代化[J]. 求是，2020（1）：1.

[②] 习近平. 高举中国特色社会主义伟大旗帜　为全面建设社会主义现代化国家而团结奋斗——在中国共产党第二十次全国代表大会上的报告[M]. 北京：人民出版社，2022：18.

者的权利与义务关系,这些关系推动着人类道德发展。只有在共同体中,个人才能获得全面发展其才能的手段,也就是说,只有在共同体中才可能有个人自由。马克思主义博大精深,归根到底就是一句话,为人类求解放。马克思则描绘了一个尽善尽美的共产主义社会,在那里没有压迫、没有剥削、各尽所能、各取所需,"代替那存在着阶级和阶级对立的资产阶级旧社会的,将是这样一个联合体,在那里,每个人的自由发展是一切人的自由发展的条件"。共产主义道德是人们满足物质需要,尊重个人利益的基础上至高的精神追求,强调超越个人利益,是人们理想的道德目标和道德境界的升华,是每个人道德境界自我塑造的最高道德类型,体现了人不断超越自我和追求完善的一种精神品质。

第二,与共产主义道德相契合的中华优秀传统美德,也是一种超越的道德,应该传承,可以为社会主义市场经济制度建立提供一种思想资源。一方面,个人需要超越道德的支撑。社会主义市场经济也需要公民提高自身修养,弘扬修身之道。以儒、释、道为代表的中国传统文化蕴含着大量修身之道,是完善自我道德的重要途径。市场假定我们是现实的人,离开历史、文化、制度、人性去谈市场是没有意义的。市场的活动不能仅仅是基于理性化带来的纯粹世俗的经济利益,人需要有更高的精神追求,需要在市场经济环境中去修炼自己的身心,避免自己物欲的膨胀和贪婪,否则会削弱自身的幸福感,产生人的异化现象。市场经济活动中需要超越的道德来弥补市场经济求利性原则泛化的不足,支撑市场经济的可持续良性发展。另一方面,超越的道德有益于个人在经济活动中建立信任,超越的道德在经营活动中转化为一种时代的经济道德,成为一种经济资本和社会资本,最终促进经济的可持续发展和腾飞。

马克思主义基本原理同中华优秀传统文化在超越的道德这个方面契合,即每一个人都需要道德境界的升华。马克思主义立足人的价值主体地位,把追求人的解放,促进人的自由全面发展作为最高价值追求。而人的解放和自由全面发展需要消除人的自我异化，如人对财富的异化或物的异化，只有消除异化才能使人获得彻底的解放。而人消除异化，需要人对自身捆绑的枷锁有充分的认识，需要重新认识生命，摆脱钱、权、色、利、情对人的束缚，转变为对德、信、仁、义、智的仰慕，甚至对静、松、通、空、醒的追求。总之，人需要道德境界的升华。

中华优秀传统文化注重人生存在的价值和意义、人的德行，注重修身养性、省身克己，遵循身心合一、知行合一，追求理想人格和崇高的人生境界，通过人心和善的自我德行提升以实现对万物的超越。在为人处世、服务社会、报效国家等方面形成了许多符合马克思主义的道德理念。中国传统文化的人文精神把人的道德情操的自我提升与超越放在首位，注重人的伦理精神和艺术精神的养成等，正是由对人在天地万物中这种能动、主动的核心地位的确认而确立起来的。中国传统文化的人文精神中包含着一种上薄拜神教，下防拜物教的现代理性精神。[①] 宗教绝对神圣的观念相对比较淡薄，人格自我完善的观念广泛深入人心。在儒、释、道文化中有大量的有关心性道德修养的论述，充分体现了下防拜物教的人文精神。人既不"役于神"，也不"役于物"，人不仅从神的束缚中解放出来，也从物的束缚中解放出来，人拥有自己的独立人格，这一人文精神与马克思主义基本原理强调人的自由解放是一致的。马克思主义基本原理同中华优秀传统文化聚焦于人道德境界的提高和生命的提升，传承超越的道德，促进人的全面发展，为中华民族伟大复兴奉献精神资源。

---

① 楼宇烈. 中国文化的根本精神［M］. 北京：中华书局，2016：230.

参考文献

[1] 马克思恩格斯选集［M］. 北京：人民出版社，1995.

[2] 马克思. 资本论［M］. 北京：人民出版社，1975.

[3] 马克思恩格斯全集［M］. 北京：人民出版社，2002.

[4] 毛泽东. 毛泽东选集［M］. 北京：人民出版社，1991.

[5] 邓小平文选［M］. 北京：人民出版社，1993.

[6] 习近平. 习近平谈治国理政：第一卷［M］. 北京：人民出版社，2014.

[7] 习近平. 习近平著作选读［M］. 北京：人民出版社，2023.

[8]《辞海》编辑委员会. 辞海［M］. 上海：上海辞书出版社，1979.

[9] 叶小文. 望海楼札记［M］. 北京：中国人民大学出版社，2011.

[10] 叶小文. 小文论丛［M］. 北京：中国社会科学出版社，2022.

[11] 叶小文. 宗教问题怎么看怎么办［M］. 北京：宗教文化出版社，2007.

[12] 彼得科洛夫斯基. 伦理经济学原理［M］. 孙瑜，译. 北京：中国社会科学出版社，1997.

[13] 北京大学哲学系外国哲学史教研室. 古希腊罗马哲学［M］. 北京：商务印书馆，1982.

[14] 马斯洛. 人的潜能与价值 [M]. 北京：华夏出版社，1987.

[15] 杨国荣. 伦理与存在——道德哲学研究 [M]. 上海：上海人民出版社，2002.

[16] 弗洛姆. 资本主义下的异化问题 [J]. 哲学译丛，1981（4）.

[17] 亚当·斯密. 财产权利与制度变迁 [M]. 上海：三联书店，1991.

[18] 陈鼓应. 老子注释及评价 [M]. 北京：中华书局，1984.

[19] 王明. 太平经合校 [M]. 北京：中华书局，1960.

[20] 杨伯峻. 论语译注 [M]. 北京：中华书局，1980.

[21] 王肃. 孔子家语 [M]. 长春：时代文艺出版社，2007.

[22] 许慎. 说文解字 [M]. 长沙：岳麓书社，2006.

[23] 丁光训. 丁光训文集 [M]. 南京：译林出版社，1998.

[24] 马克斯·韦伯. 新教伦理与资本主义精神 [M]. 于晓，陈维纲，等译. 北京：读书·生活·新知三联书店，1992.

[25] 马克斯·韦伯. 宗教社会学 [M]. 康乐，简惠美，译. 桂林：广西师范大学出版社，2005.

[26] 康有为. 大同书 [M]. 北京：中华书局，1959.

[27] 弗朗西斯·福山. 信任——社会美德与繁荣的创造 [M]. 呼和浩特：远方出版社，1998.

[28] 卢森贝. 政治经济学史 [M]. 北京：读书·生活·新知三联书店，1960.

[29] 亚当·斯密. 国民财富的性质和原因的研究 [M]. 郭大力，王亚南，译. 北京：商务印书馆，1974.

[30] 刘智峰. 道德中国：当代中国道德伦理的深度忧思 [M]. 北京：中国社会科学出版社，1999.

[31] 厉以宁. 股份制与现代市场经济 [M]. 南京：江苏人民出版

社，1994.

[32] 哈耶克．通往奴役之路［M］．王明毅，等译．北京：中国社会科学出版社，1997.

[33] 梅因．古代法［M］．北京：商务印书馆，1959.

[34] 丹尼尔·贝尔．资本主义文化矛盾［M］．赵一凡，等译．北京：读书·生活·新知三联书店，1989.

[35] 亚当·斯密．国富论［M］．郭大力，王亚南，等译．北京：商务印书馆，1987.

[36] 道格拉斯·诺斯．制度、制度变迁与经济绩效［M］．刘守英，译．上海：上海三联书店，1994.

[37] 吴忠．市场经济与现代伦理［M］．北京：人民出版社，2003.

[38] 罗秉祥，万俊人．宗教与道德之关系［M］．北京：清华大学出版社，2003.

[39] 王小锡．道德资本与经济伦理［M］．北京：人民出版社，2009.

[40] 本书编写组．社会主义核心价值体系学习读本［M］．北京：中共党史出版社，2007.

[41] 陈亚杰．建设社会主义核心价值体系［M］．北京：人民出版社，2007.

[42] 梅荣政，杨军．社会主义核心价值体系与社会思潮析评［M］．北京：中国社会科学出版社，2010.

[43] 罗国杰．建设与社会主义市场经济相适应的思想道德体系［M］．北京：人民出版社，2011.

[44] 黄云明．宗教经济伦理研究［M］．北京：人民出版社，2010.

[45] 叶蓬，李权时．经济伦理学研究［M］．北京：中央编译出版社，2007.

[46] 廖小平．思想道德论——经济与道德关系的现实建构［M］．长

沙：湖南人民出版社，1998.

[47] 王锐生，程广云. 经济伦理研究［M］. 北京：首都师范大学出版社，1999.

[48] 王国乡. 自主权利的道德界限——从经济学视角求解伦理学难题［M］. 北京：世界图书出版公司，2011.

[49] 黄明理. 社会主义道德信仰研究［M］. 北京：人民出版社，2006.

[50] 罗秉祥，江丕盛. 基督宗教思想与21世纪［M］. 北京：中国社会科学出版社，2001.

[51] 卢国龙. 道德哲学［M］. 北京：华夏出版社，2007.

[52] 詹石窗. 中国宗教思想通论［M］. 北京：人民出版社，2011.

[53] 郭广银，陈延斌，杨明，王云骏. 中国市场经济体制下的道德建设［M］. 北京：人民出版社，2004.

[54] 汪荣有. 当代中国经济伦理论［M］. 北京：人民出版社，2004.

[55] 魏英敏. 当代中国伦理与道德［M］. 北京：昆仑出版社，2001.

[56] 黄云明. 经济伦理问题研究［M］. 北京：中国社会科学出版社，2009.

[57] 段德智. 宗教学［M］. 北京：人民出版社，2010.

[58] 徐秦法. 社会治理中的信仰价值研究［M］. 北京：光明日报出版社，2010.

[59] 万俊人. 道德之维——现代经济伦理导论［M］. 广州：广东人民出版社，2000.

[60] 张世英. 境界与文化——成人之道［M］. 北京：人民出版社，2007.

[61] 亚当·斯密. 左手《国富论》右手《道德情操论》［M］. 焦亮，编译. 北京：中国编译出版社，2009.

[62] 陆晓禾．经济伦理学研究［M］．上海：上海社会科学院出版社，2008.

[63] 汪丁丁．市场经济与道德基础［M］．上海：上海人民出版社，2007.

[64] 罗国杰．马克思主义伦理学［M］．北京：人民出版社，1982.

[65] 厉以宁．超越市场与超越政府——论道德力量在经济中的作用［M］．北京：经济科学出版社，1999.

[66] 吴忠．市场经济与现代伦理［M］．北京：人民出版社，2003.

[67] 杨曾文．当代佛教与社会［M］．北京：宗教文化出版社，2009.

[68] 唐永泽，朱冬英．中国市场体制伦理［M］．北京：社会科学出版社，2005.

[69] 李向平，文军，田兆元．中国信仰研究［M］．上海：上海人民出版社，2011.

[70] 陈荣富．比较宗教学［M］．北京：中国文化书院，1987.

[71] 张世英．天人之际——中西哲学的困惑与选择［M］．北京：人民出版社，1995.

[72] 邓子美．超越于顺应［M］．北京：中国社会科学出版社，2004.

[73] 孙健灵．宗教文化与经济发展［M］．昆明：云南大学出版社，2010.

[74] 楼宇烈．中国文化的根本精神［M］．北京：中华书局，2016.